눈,
새로운
발견

나는 어떤 눈으로
세상을 볼까?

기획
/
길담서원

지은이
/
김융희
손현철
홍순명
이재성
고경일
박성준

궁리
KungRee

손으로도 보고,
몸으로도 보며,
마음으로도 봅니다

2008년부터 문을 열어오고 있는 길담서원은 서울시 종로구 통인동 시절을 접고 2013년 12월 15일부터 옥인동 시대를 열어가고 있습니다. 9년 동안 길담서원에서는 다채로운 자율적인 공부 모임들이 둥지를 틀었습니다. 콩글리시(영어원서 강독 모임), 책여세(책 읽기 모임)를 시작으로 청소년인문학교실, 어른인문학교실, 한뼘미술관, 경제공부모임, 철학공방, 책마음샘(찾아가는 음악회), 끄세쥬(프랑스어문 모임), 니체왈츠(독일어문 모임), 녹색평론읽기모임, 이야기 드로잉교실, 일본어 공부모임, 빨간머리 앤 영어원서로 읽기+되어보기, 시민과학 공부모임, 시민예술단 등등, 다양한 프로그램들이 길담서원 안에서 자리를 잡고 있습니다. 모임 하나하나의 중심에는 우연히 찾아 왔다 길담서원의 주인공이 된 사람들이 있습니다. 그 가운데서도 가장 반갑고 마음 설레는 모임이 청소년인문학교실입니다.

"우리 아이들을 위한 인문학 공부 모임도 있었으면 좋겠어요."

중학교 2학년 청소년을 둔 어머니의 한마디가 씨앗이 되었습니다. 씨앗은 '청소년인문학교실을 위한 준비모임'으로 싹이 텄고. 학부모, 교사, 교육에 관심 있는 분들이 모였습니다. 몇 차례의 준비 모임과 두 번의 시범 교실을 거쳐 2009년 1월부터 아래와 같은 생각을 기본으로 길담서원 청소년인문학교실을 열어가고 있습니다.

- 청소년은 수동적 존재가 아닌 주체이다. 청소년인문학교실 기획 모임에는 청소년이 어른들과 대등하게 참여한다. 수업의 30퍼센트 정도는 청소년의 시간으로 할애한다.
- 강의는 연구와 실천을 겸비한 전문가에게 의뢰한다. 현실을 직시하는 비판적 분석과 대안 있는 해법이 조화를 이루게 한다. 현직 교사도 강사로 모셔서 학교 현장과 소통하는 교실이 되도록 한다.
- 주제를 예술적으로 구현한 문학 작품과 철학적으로 접근한 강의를 반드시 포함시켜 청소년기의 맑고 따뜻한 감성을 보듬고 논리적이고 이성적인 사유 능력을 기르도록 한다.
- 주제와 관련하여 1박 2일 답사 프로그램을 진행한다. 자유분방한 프로그램 속에서 또래들과 친해지고 도심에서 자란 청소년이 자연과 벗하는 기회를 갖도록 한다.
- 경제 형편이 어려운 가정의 청소년도 참여할 수 있도록 최대한 참가비를 낮추고 장학 제도와 같은 숨구멍을 터놓도록 한다.

길담서원 청소년인문학교실은 이와 같은 정신을 바탕으로 그동안 길, 일, 돈, 몸, 밥, 집, 품, 힘, 눈, 삶을 주제로 열었고 기회가 되면 옷, 앎, 글, 손, 땅, 불, 물, 똥, 꿈, 숨, 말 등의 주제로 열어갈 것입니다.

이번에는 '눈'을 주제로 본다는 것에 대하여 김융희, 손현철, 홍순명, 이재성, 고경일, 박성준 선생님을 모시고 눈이 지니는 다양한 의미를 알아보았습니다.

이 책은 '일'『나는 무슨 일 하며 살아야 할까?』, '몸'『태곳적부터의 이모티콘』, '돈'『나에게 돈이란 무엇일까?』, '집'『나는 어떤 집에 살아야 행복할까?』, '밥'『세상을 담은 밥 한 그릇』, '품'『나에게 품이란 무엇인가?_공동체에 대한 고민』, '힘'『세상을 바꾸는 힘』, '삶'『나는 어떤 삶을 살아야 할까?』에 이어 아홉 번째 책입니다.

'보다(see)'라는 동사는 '본다'는 뜻과 함께 '알다'라는 의미도 있습니다. 철학용어로 말하면 에이도스(eidos)인데요. 눈으로 볼 수 있는 형상(形相), 모양(form)을 의미하는 그리스어입니다. 에이도스는 '보다'라는 동사 이데인(idein)에서 파생된 말입니다. 이 말은 원래 보이는 모양을 통해 어떤 사물의 본질을 다른 사물의 본질과 구별 지어 안다는 것을 뜻합니다. 이와 같이 고대 그리스의 철학자들은 안다는 것의 모델을 보이는 사물에서 찾았습니다.

안다는 것은 인식하고 있다는 것입니다. 인식이라는 것은 시각적 모델에 기초한 형상에 의해서 사물들을 구별할 줄 안다는 뜻입니다. 본다는 것은 감각과 감정의 영역이고 안다는 것은 이성과 마음의 영역입니다. 이성과 마음의 영역에서 일어나는 앎과 인식은 감각과 감정의 영역에서 일어나는 봄을 거쳐야 한다는 것입니다. 즉, 어떠한 사물을 보아서 구별할 줄 안다는 것인데 이는 보아야 알 수 있다는 말이기도 합니다. 그러나 이와는 달리 우리는 알아야 보이고 아는 만큼 보인다는 말도 이미 알고 있습니다. 그렇다면 본다는 것은 안다는 것, 인식하는 것과 교차하면서 상호작용을 한다는 것을 우리는 깨닫게 됩니다.

이쯤에서 '본다는 것'과 관련해 나태주 시인과 고은 시인의 꽃을 소재로 한 짧은 시를 읽어보기로 하지요.

풀꽃_ 나태주

자세히 보아야 예쁘다
오래 보아야 사랑스럽다
너도 그렇다

여기서 자세히 본다는 것은 아주 작고 하찮은 풀꽃을 꼼꼼하게 살펴보는 태도입니다. 이러한 태도로 오래 바라본 풀꽃은 그저 그러려니 하고 심드렁하게 지나쳤던 예전의 그 풀꽃이 아닙니다. 이제 그 풀꽃은 예쁠 뿐만이 아니라 사랑스러운 존재가 되었습니다. 본다는 것이 일으킨 놀라운 인식(형상)의 변화입니다.

한편, 고은 시인은 〈그 꽃〉이라는 시에서 올라갈 때 못 본 그 꽃 내려올 때 본다고 했습니다.

그 꽃_고은

내려갈 때 보았네
올라갈 때 보지 못한
그 꽃

올라갈 때 못 본 그 꽃을 내려올 때 본다는 것은 어떤 의미일까요? 산을 힘들게 올라갈 때는 여유가 없어서 못 보았지만 내려올 때는 마음에 여유가 생겨서 볼 수 있게 된다고 읽을 수도 있겠지요. 또는 올라갈 때란 여러분처럼 또래들과 성적 경쟁에 시달리는 청소년기이거나 가족의 생계를 책임지고 왕성하게 일하는 장년기에 비할 수 있겠지요. 우리들의 인생에는 소중한 것을 보아도 보이지 않는 시기를 경과해야만 그 이후 어느 시기에 드디어 보이게 되는 경험을 하게 되는데 이 시는 그러한 경험을 문득 깨달음의 경지로 승화시켰다고 볼 수 있습니다.

비단 등산길에 만난 꽃만이 아니겠지요. 가족이거나 친구일 수도 있겠고 한 편의 시나 소설, 한 권의 고전, 또는 여행을 갔던 어느 고장과의 만남일 수도 있겠지요. 보아도 보이지 않던 것을 드디어 본다는 것은 알고 인식하는 것과 무의식적인 경험과 만남의 축적이 상호작용한 결과일 것입니다. 그렇다면 우리는 눈으로만 보는 게 아니라 손으로도 보고 몸으로도 보며 마음으로도 본다고 할 수 있겠지요.

요즘 청소년은 일상에서 광고를 통해 상품 이미지들을 셀 수 없이 많이 보고 자랍니다. 주로 스마트 폰이나 컴퓨터를 가지고 혼자서 놉니다. 밖으로 나오더라도 친구들과 뛰어 노는 것보다는 영화를 보러 가거나 놀이기구를 타는 데 더 익숙합니다. 삶은 지극히 단순화시켜 말한다면 자기가 본 것과 먹은 것으로 이루어진다고 할 수 있지요. 우리는 본 것을 욕망하고 먹거나 소비하게 되니까요. 만약에 여러분이 청소년 시절에 자연 속에서 친구와 몸을 부대끼며 뛰놀 수 있다면 여러분의 보고 알고 인식하는 에이도스(형상)는 얼마나 풍요로워질까요.

아무쪼록 이 책을 읽게 된 청소년 여러분에게 '본다'는 것에 대한 새로운 깨달음이 선물처럼 찾아오게 되길 바랍니다.

2017년 7월
길담서원 서원지기 박성준, 이재성

| 길담서원 청소년인문학교실 '눈'과 함께한 청소년들 |

강은진, 김연지, 김채영, 나원영, 박예담, 박유하, 박정원, 박화목,
부연지, 서찬열, 신가을, 안영민, 윤준서, 이솔, 이고은, 이민규, 이세희,
이유림, 이재윤, 이준범, 이지수, 이한솔, 이해리, 임효재, 최민경, 황산하

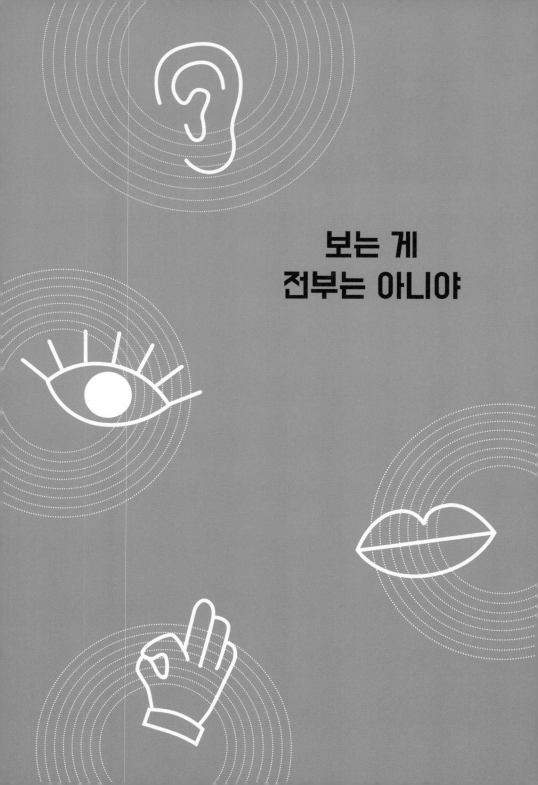

보는 게
전부는 아니야

김용희

서강대학교에서 철학을, 홍익대학교에서 미학을 공부했다. 서울예술대학에서 7년간 교수로 재직하면서 신화와 상상력, 예술철학을 가르쳤다. 지금은 학교를 나와 인문학 강의를 하면서 감성과 상상력 등의 미학적 주제를 일상의 삶과 연결시키는 작업에 몰두하고 있다. 지은 책으로『빨강: 매혹의 에로티시즘에서 금기의 레드컴플렉스까지』,『검은 천사, 하얀 악마: 흑백의 문화사』,『삶의 길목에서 만난, 신화』등이 있다.

안녕하세요? 김융희입니다. 제 이름을 말하면 처음에는 다들 '김윤희요?'라고 한 번씩 되물어요. 융희입니다, 융희. (웃음) 저는 미학을 공부했어요. 미학 들어보셨나요? 미학의 '미' 자가 한자로 무슨 말이죠? 네, 아름답다는 뜻입니다. 저도 처음에는 미학이라는 학문이 아름다움을 연구하는 학문이라고 생각했는데 공부해보니 그게 아니더라고요. 미학은 우리가 가지고 있는 느낌에 대한 학문이에요. 그런데 우리가 느끼는 것들 가운데 아름다움에 대한 관심이 지대하다 보니 이 학문의 큰 영역을 차지하는 것이 아름다움이 돼버렸어요. 아름다움을 추구하는 미학이라는 말은 일본 사람들이 붙인 이름이에요. 원래는 감성학이라는 뜻의 용어였는데 그 말이 아시아에 전해지면서 미학이라는 번역어로 바뀐 거죠.

저는 미학 분야 중에서도 상상력에 관심이 많아요. 판타지라든지 신화라든지 꿈이라든지 하는 부분이요. 실제로 이런 것들은 손에 만져지지도 않고 현실세계와 거리가 먼 것 같지만 우리 삶을 움직이고 우리가 어떤 방향으로 나아가야 하는지 길을 제시해주는 중요한 영역이에요. 이런 주제에 '꽂혀서' 연구를 했고, 대학교수로 근무를 하기도 했지요. 전직 대학교수인데, 학교에서 17년 강의하면서 이것 말고 또 다른 삶이 있지 않을까 하는 생각이 늘 마음 어딘가에 있었어요. 돌아보니 어떤 집단에 항상 소속되어 있었더라고요. 그런데 어딘가에 소속되어 있지 않은 시간이 저한테는 가장 알차고 평화롭고 의미 있었어요. 앞으로도 어디 소속으로 살아갈 생각을 하니까 답답함이 느껴졌죠. 그래서 몇 년 전부터 학교 밖에서 대중 강좌를 하고 책 쓰고 연구하며 지내고 있습니다. 오늘은 제가 오랫동안 공부한 예술과 신화 영역에서 '눈'이라는 주제말에 연관된 이야기를 꺼내어 함께 나눠보려 합니다.

눈과 눈의 마주침이 만들어내는 것들 •••

여러분, 눈이 하는 일이 뭐지요? 보는 것이지요. 그런데 눈이 보기만 할까요? '눈' 하면 '본다'는 쪽으로만 생각하기 쉽지만 우리는 누군가의 눈에 보이기도 해요. 여러분은 지금 제 눈을 보고 있고 저는 여러분 눈을 보고 있어요. 우리는 보면서 서로 보이는 존재예요. 보고 보이면서 시선이 교환되지요.

흔히 '어깨'라고 불리는 폭력배들이 많이 쓰는 말이 있어요. "뭘 봐!" 누군가 똑바로 쳐다보면 화를 내죠. 혹시 "어디를 똑바로 쳐다봐, 어린 것이" 이런 말 들어본 적 있어요? 똑바로 바라본다는 게 어떤 사람에게는 도전처럼 느껴지나봐요. "뭘 봐"라는 말을 내뱉는 사람들은 나는 너희를 볼 수 있지만 너희는 나를 보면 안 된다고 생각하는 거죠. 우리 문화에는 어른들이 아이들을 똑바로 쳐다볼 수는 있지만 반대로 아이들이 어른들을 똑바로 쳐다보면 불쾌해하는 경향이 있어요.

이런 예에서 알 수 있듯이, 우리가 눈과 눈으로 시선만 주고받는 게 아니라 여기에는 힘도 왔다 갔다 해요. 내가 보는 주인으로 있을 때 힘이 나한테 있어요. 그런데 누군가에게 보이는 존재로 있을 때는 나를 보고 있는 사람의 눈치를 보겠죠. 이때 나는 힘이 없는 존재예요. 이걸 조금 전문적인 용어로 눈을 통해서 '권력'을 뺏긴다고 말해요.

여러분 개 좋아하세요? 무서워하는 사람도 많아요. 개를 무서워하는 사람은 개가 짖으면 도망가죠. 그러면 개는 더 짖고 따라와요. 그런데 눈에 힘을 주고 개를 뚫어지게 똑바로 쳐다보면 어떻게 될까요? 개가 깨갱거리고 꼬리를 내려요. 이런 역학관계가 인간과 인간 사이에도 있어요.

여러분, 힘 줘서 저 한번 쳐다보세요. 여러분은 의자에 앉아 있고 저는 앉아 있다가 방금 일어섰어요. 일어서면 눈높이가 높아지기 때문에, 제가 선 순간 권력이 저한테로 옮겨왔어요. 여러분들은 앉은 채로 저를 올려다보잖아요. 그래서 자기도 모르게 움츠러드는 거죠. 제가 말을 시키면 속으론 하고 싶은 말이 있어도 이런 구도에서는 얼른 말을 못 하게 되어 있어요. 이게 학교 수업 구도예요. 앞쪽 강단에 선 사람이 힘을 가져요. 앞에 서면 여러분 한 명 한 명이 다 보이잖아요. 앉아 있는 여러분은 앞사람 뒤통수만 보이죠. 이렇게 우리 눈은 보는 기능만 있는 게 아니라 보고 보이는 역학관계 속에서 권력도 오고가고 다른 것도 오고가요. 또 뭐가 오고갈까요?

제가 어렸을 때 만원버스를 타고 학교를 다녔어요. 버스 안에서 가방을 메고 손잡이 잡고 서 있으면 누가 뒤에서 나를 쳐다보는 느낌이 들 때가 있어요. 뒤를 볼까, 하다가 안 봐요. 그런데 궁금해서 보면, 어떻게 될까요? 저쪽에서도 나를 쳐다볼까요? 피하겠죠? 이때는 아무 일도 안 생기는데 두 사람의 눈이 마주치면 어떻게 될까요? 둘이 사귀어요. (청중 웃음) 여러분도 한번 실습해보세요.

버스 안에서 아무한테나 그러라는 게 아니라 가까운 사람들끼리 눈을 마주치기로 작정하고 서로의 눈을 오래 바라보세요. 무슨 일이 벌어질까요? 아무 편견 없이 오랫동안 한 사람의 눈을 바라보면 그 사람을 좋아하게 돼요. 이상한 일이에요. 눈으로 권력만 왔다 갔다 하는 게 아니라 사랑도 왔다 갔다 해요. 시선이 교환되다 보면 어느 순간엔 두 사람이 연결되지요. 우리가 어떤 눈으로 쳐다보는가에 따라서 다른 작용이 일어나는 거예요. 사랑에도 여러 형태가 있는데 '쯧쯧쯧, 안됐어' 하는 동정의 눈으로 보면 상대가 기분 나빠하겠죠. 그런데 '안아줄게' 하는 눈빛으로 보면 상대방은 그 눈빛만으로도 따스함을 느껴요. 눈이 할 수 있는 일이 참 많은 것 같아요.

아름다움이 도대체 뭐야? • • •

이 강연을 요청받으면서 길담서원의 주문사항이 하나 있었어요. 얼짱 문화에 대해 말해달래요. 저는 얼짱을 잘 몰라서 아들에게 물어봤어요. 그랬더니 아들 왈, 여자는 아이유, 남자는 공유래요. 두 분에게는 미안한 말이지만 제 눈에는 아이유와 공유가 그다지 멋지게 안 보이더

라고요. 내가 알지 못하는 뭔가가 이 세대의 마음을 건드리는가 보다,
생각했어요. 여러분에게 물어보고 싶어요. 어떤 얼굴이 예쁘다고 생각
하세요? 예쁜 얼굴의 조건이 뭐라고 생각해요?

요새는 성형외과도 많아졌고 성형수술이 일반화됐는데 성형외과에
가서 사람들이 하는 말이 있대요. "눈은 연예인 누구처럼, 코는 누구처
럼, 입은 누구처럼." 성형미인이 많이 돌아다닌다는 압구정동, 청담동,
홍대앞 이런 동네에 가보면 여성들의 얼굴이 비슷비슷해요. 한때는 이
영애나 성유리처럼 바꿔달라는 주문이 많았대요. 우리는 왜 이런 얼굴
을 보고 아름답다고 느끼는 걸까요? 여러분도 그런 얼굴로 바꾸고 싶
어요?

제가 준비한 그림을 볼까요? 이 얼굴에 대해서 어떻게 생각하세요?

청소년 : 무서운 게임에 등장하는 사람 같아요.

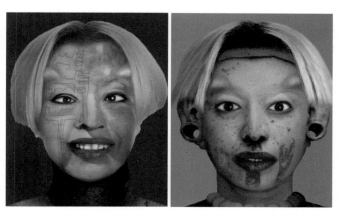

생 오를랑, 〈자기교배 재형상화Refiguration-Self-Hybridation〉 n°9(왼쪽)·n°30, 1998

보는 게 전부는 아니야

이 그림은 프랑스의 아티스트 생 오를랑(Saint Orlan, 1947~)의 작품이에요. 이 이름이 본명은 아닙니다. 성스러운, 성(聖)이란 뜻을 지닌 생(Saint)은 성인(聖人)에게 붙이는 말인데 이 작가는 과감하게 Saint을 자기 이름에 붙여서 스스로 성녀로 등극했어요.

생 오를랑은 성형수술 퍼포먼스로 유명해졌어요. 그저 자기 얼굴을 바꾸는 성형수술만 한 게 아니라 수술 장면을 찍어서 영상으로 발표해 사람들에게 충격을 주었죠. 성형수술할 때 의사에게는 화려한 옷을 입혀서 하나의 쇼처럼 꾸몄어요. 그리고 자신은 부분 마취를 해서 완전히 잠드는 게 아니라 깨어 있으면서 수술받는 과정을 지켜봤습니다. 우리가 원하는 건 성형수술을 하고 나서 부기가 빠진 얼굴이잖아요. 그런데 오를랑은 성형수술하는 '끔찍한' 장면을 촬영해서 그것을 여러 나라에 실시간으로 방송했어요.

오를랑이 성형외과 의사에게 요청한 사항이 있었어요. 이마는 레오나르도 다빈치의 〈모나리자〉처럼, 뺨은 보티첼리 〈비너스의 탄생〉의 비너스처럼, 눈은 퐁텐블로파가 그린 비너스처럼, 코는 장 레옹 제롬의 프시케처럼, 이런 식으로 서양미술사의 명작에 나오는 미녀들의 아름다운 부분을 조합해서 바꿔달라고 했어요. 물론 그 미녀들이 지금의 미녀들은 아니죠. 15~18세기 옛날 미인들인데 그 시대 미인들의 예쁜 부분만을 조합해서 바꿔달라고 요청했습니다.

성형수술은 잘되었을까요? 미녀들의 얼굴을 합성하고 눈썹을 모나리자처럼 밀었더니 우리가 생각하는 전형적인 미인의 얼굴은 아니었어요.

그녀가 의사에게 주문한 사항은 하나 더 있었습니다. 바로 이마 양

생 오를랑, 〈편재(어디에나 있는, Omniprésence 2)〉 작품 일부, 1994

쪽에 '뿔'을 넣어달라는 요청이었어요. 서양에서 뿔은 무엇을 상징할까
요?

청소년 ： 악마!

네, 여러분은 악마를 나쁜 것으로 생각하잖아요. 오래전부터 사람들
은 대다수가 옳다고 생각하는 것에서 어긋나거나 통념에 대항하는 어
떤 힘들을 악이라고 칭했어요. 제가 어렸을 때는 북한에 도깨비가 사
는 줄 알았어요. 도덕 교과서에 북한 사람들을 정말로 뿔 난 사람으로
묘사를 했거든요. 1980년대 이라크 전쟁이 있을 때 미국의 조지 부시
대통령이 이라크를 '악의 축'이라고 불렀어요. 그러니까 한 집단이 자
기 집단과 적대적인 입장을 가지고 있는 어떤 집단에 대해서 흔히 사
용하는 말 중에 하나가 악마예요.

오랫동안 서양에서는 선한 것, 착한 것은 천사라고 여겼고 그것과

생 오를랑, 〈이것은 나의 몸, 이것은 나의 소프트웨어〉 퍼포먼스 장면, 1993
"오를랑은 자신의 얼굴을 캔버스 삼아 성형수술 퍼포먼스를 선보였습니다. 어떤 메시지를 전하고 싶어서 그랬을까요? 성형수술을 하는 장면을 보면 결코 아름답지 않습니다. 그런데 그 추한 것들을 감내하면서 우리는 아름다워지려고 노력해요. 아마도 그녀는 기존에 통용되는 '아름다움', '추함'의 기준에 의문을 던졌던 게 아닐까요?"

반대되는 가치를 가진 것은 악마라고 했습니다. 그런데 오를랑은 기독교 성자들에게 붙이는 생(Saint)을 자기 이름에 붙이고서, 이마에는 악마를 상징하는 뿔을 달았습니다. 뿔 달린 악마가 성자가 될 수 있을까요? 왜 그녀는 성스러운 악마가 되려고 했을까요?

오를랑은 성형수술 퍼포먼스를 한 번만 한 게 아니라 여러 번 반복해서 했어요. 그 후로도 여러 번의 성형수술을 했죠. 그리고 그 영상 작품에는 〈생 오를랑의 환생〉이라는 제목을 붙였습니다.

신념을 지키기 위해 자신을 바치는 사람을 '순교자'라고 부릅니다. 오를랑은 순교자처럼 자신의 신념체계를 위해서 자기 얼굴을 재물로 내놓은 거예요. 그래서 스스로를 성자를 뜻하는 생(Saint)이라는 호칭으로 부른 거죠. 예술가는 때때로 일상적이지 않고 미친 짓 같고, 낯선 일들을 작품이나 예술 행위로 선보입니다. 여기에는 어떤 메시지를 전하고 싶은 바람이 담겨 있어요. 여러분, 한번 생각해보세요. 오를랑은 무엇을 위해서 자신의 얼굴을 바쳐가면서 이런 퍼포먼스를 했을까요?

'이래도 수술할래?' 뭐 이런 경고를 하고 싶었던 걸까요? 성형수술을 하는 장면을 보면 결코 아름답지 않습니다. 그런데 그 추한 것들을 감내하면서 우리는 아름다워지려고 노력해요. 아마도 그녀는 기존에 통용되는 '아름다움', '추함'의 기준에 의문을 던졌던 것이 아닐까요? 아름다움이란 건 뭘까? 아름다운 게 도대체 뭐야?, 라고 말입니다.

나는 누구의 눈으로 세상을 보는 걸까? •••

요즘 중고등학교 여학생들의 교복 패션을 보면 일본 만화에서 툭 튀어

나온 것 같아요. 치마는 짧고, 허리는 조이고, 앞머리는 일자로 자르고, 이마를 가리는 게 마치 일본 만화 캐릭터 같아요. 이게 청소년들 눈에 멋있어 보이니까 이런 스타일이 유행하는 거잖아요. 청담동이나 압구정동에 가면 턱선이 비슷하고 코가 비슷한 여자들이 있는 것처럼, 요즘 청소년들의 교복 스타일에도 어떤 경향이 있어 보여요. 우리는 왜 다들 비슷해지는 걸까요? 대다수 사람들이 이게 정상이야, 이게 멋있는 거야, 좋은 거야 이렇게 생각하는 보편적인 상(像)이 있기라도 한 걸까요?

시간을 돌려 과거 조선시대 '얼짱'을 살펴봅시다. 18세기 화가 신윤복이 그린 〈미인도〉 속 여인을 보면 눈이 크지 않아요. 옛날 선조들이 생각한 아름다운 여자의 조건이 있었대요. '눈썹은 초승달 같아야 하고, 눈은 복숭아 씨앗 같아야 하며, 코는 마늘, 입술은 앵두, 얼굴은 달덩이 같아야 한다.'

복숭아 씨앗 보셨어요? 작죠. 조선시대에는 여자가 눈이 크면 천박하다고 생각했어요. 그리고 눈빛이 밖으로 발광하면 안 되고 그윽해야 했죠. 오늘날의 미인은, 일단 눈은 크고 코는 높아야 해요. 서구형 얼굴이에요. 왜 우리는 옛날과는 다르게 생김새가 뚜렷하고 키도 크고 골격도 두드러진 외모를 아름답다고 보는 걸까요?

태국의 고산족인 카렌족 사람들은 여자 아이가 대여섯 살이 되면 황동으로 만든 고리를 목에 두르게 한다고 합니다. 한 개, 두 개, 세 개 나이가 들수록 착용하는 고리의 개수를 늘려서 인위적으로 목의 길이를 늘린대요. 우리 눈에는 이상해 보여도 이 부족 사람들에겐 여성의 긴 목이 아름다움의 상징이기 때문이죠.

아마존 북부에 사는 조에족 사람들은 남자든 여자든 어릴 때 턱을 뚫어서 뽀뚜루라 불리는 나무막대를 껴넣어요. 다큐멘터리 〈아마존의 눈물〉을 보면 청년이 뽀뚜루를 잘 깎아서 여자친구에게 선물로 주는 모습이 나옵니다. 아랫입술에 접시를 집어넣어서 입술을 길게 늘어뜨리는 부족도 있어요. 그 동네에선 그게 아름다운 거예요. 이상하지 않아요? 어떤 뭔가를 아름답다, 아름답지 않다, 멋지다, 멋지지 않다고 보는 우리의 시각이 사실은 절대적이지 않다는 거예요. 상황에 따라 그 기준이 달라져요. 그러나 어느 공동체든 그게 카렌족이든 조에족이든 지금 우리나라든 각 공동체의 대다수 사람들이 멋있다고 생각하는 것에는 어떤 공통분모들이 있어요. 그렇다면

위_카렌족, 아래_조에족

내가 사람이나 세상을 바라보면서 아름다움을 느끼는 어떤 요인들, 내 안에 들어와 있는 그 마음은 과연 누구의 마음일까요? 나는 정말 내 눈으로 보는 걸까요? 혹시 실제로는 그렇지 않은데 내 눈에 그렇게 보이는 것은 아닐까요?

영화 〈매트릭스〉를 보면 벌레가 몸에 기어들어간다고 호소하는 주인공을 사람들이 미친 사람 취급하는 내용이 나옵니다. 사실 그 주인공은 미친 게 아녔죠. 주인공 뇌의 어떤 부분을 조작해서 뇌가 세상을

해석하는 방식을 바꾼 결과, 주인공의 눈에는 실제와 다르게 보였던 거예요. 〈매트릭스〉의 작자는 우리에게 우리가 보는 현실이 진짜가 맞는지, 가짜 현실, 조작된 현실은 아닐지 질문을 던져요.

　대다수의 우리는 보는 것을 믿고 살아요. "봐, 이게 맞잖아." 이런 말 많이 하죠? 눈으로 보면 확실하다고 생각해요. 그런데 〈매트릭스〉는 눈에 명확하게 보이는 것도 실제로는 그렇지 않을 수 있다고 이야기합니다. 내가 바라보는 이 눈앞의 세계가 내 눈에 보이는 대로 있는 걸까요, 아니면 내가 보지 못하는 다른 방식으로 있는데 내 눈에만 그렇게 보이는 걸까요? 이 질문에 대한 고민을 세잔의 그림을 보면서 좀 더 나눠볼게요.

왜 세잔은 같은 산을 그리고 또 그렸을까? • • •

프랑스의 화가 폴 세잔(1839~1906)의 작품 중에 〈생 빅투아르 산〉이 있습니다. 그가 살던 동네 앞산을 그린 작품인데 이게 미술사에서 중요한 그림으로 부각이 됐어요. 세잔은 매일같이 생 빅투아르 산 앞에 가서 산을 그리고 또 그렸다고 해요. 내 눈에는 산이 이렇게 보이는데 정말 이렇게 보이는 걸까? 끝없이 질문하면서 산을 반복해서 그렸고 이 오른쪽 작품은 그가 남긴 〈생 빅투아르 산〉 연작 수십 점 가운데 하나입니다. 이 그림을 보면 산에 있는 바위, 나무, 집 어느 것 하나 명확한 게 없어요. 세잔이 근시였을까요? 아마 눈 나쁜 사람이 안경 벗고 세상을 보면 세잔의 그림처럼 보이겠죠. 눈 좋은 사람이 보면 뚜렷하게 보이고요. 자, 그럼 어떤 게 진짜 세상의 모습일까요?

폴 세잔, 〈생 빅투아르 산〉, 1904~1906

"세잔은 모든 대상을 평등하게 그려야겠다고 생각했어요. 그러다 보니 멀리 있는 것이나 가까이 있는 것이나, 자신이 열심히 본 것이나 그렇지 않은 것이나 똑같은 터치로 캔버스를 채운 그림을 그리게 된 것입니다. 그런데 우리가 실제로 산이나 사람, 건물 따위의 대상을 볼 때 세잔의 그림처럼 보지는 않습니다."

요하네스 페르메이르, 〈지리학자〉, 1668~1675

"페이메이르의 그림은 선명한 게 마치 사진 같습니다. 그런데 우리 눈은 실제로 이렇게 안 본대요. 이건 카메라가 보는 세상 모습에 가깝습니다. 카메라는 기계이기 때문에 그냥 렌즈로만 세상을 봅니다. 여기에는 감정도 에너지의 끌림도 없죠."

네덜란드 화가 페르메이르(Johannes Vermeer)가 그린 그림은 세잔의 그림과는 완전히 다르죠. 굉장히 사실적으로 보여요. 선명한 게 마치 사진 같습니다. 그런데 우리 눈은 실제로 이렇게 안 본대요. 사진 찍어놓은 걸 보면서 우리는 사실과 똑같다고 생각하지만, 우리 눈은 카메라가 아니에요. 카메라는 기계이기 때문에 객관적인 입장에서 세상을 봅니다. 카메라는 감정이 없죠. 에너지의 끌림 같은 것도 몰라요. 그냥 렌즈로만 세상을 봅니다.

잠깐 저를 주목해주세요. 여러분이 저를 주목하면 제 뒤의 배경은 어떻게 보이나요?

청소년 : 잘 안 보여요.

맞아요, 우리 눈은 내가 관심 갖고 주목하는 대상은 또렷하게 보지만 거리와 상관없이 그 주변의 대상은 뿌옇게 보여요. 그래서 페르메이르의 이 작품은 우리 눈이 보는 방식이 아니라 기계가 보는 방식으로 그린 그림이에요.

내가 어떤 사람을 좋아하면 그 사람한테서 빛이 나는 것 같아요. 여자들은 자기가 좋아하는 남자의 키를 실제보다 크게 생각한대요. 또 남자는 어떤 여자가 좋아지면 어떻게 생겼는지 하는 객관적 사실과는 상관없이 무조건 예뻐 보인대요. 이상하죠? 우리 마음이 영향을 미치는 거예요. 고슴도치도 자기 자식은 예쁘다는 말이 있듯이 말입니다. 우리가 보는 방식에는 항상 감정이나 관심이 개입돼요. 그 감정이나 관심은 이 세상을 카메라처럼 냉정하고 객관적으로 보게 만드는 게 아니라 자기 식으로 보게 하죠. 마음만 자기 식으로 움직이는 게 아니라 실제로 보이는 것도 왜곡된다는 얘기예요.

세잔은, 화가는 자기 주관적 감정을 배제하고 세상을 있는 그대로 보여줘야 한다고 생각했어요. 내가 어떤 나무에 관심을 기울이면 그 나무는 뚜렷해 보이고 주변은 뿌옇게 보인다고 말했는데, 같은 이유로 다른 사람 눈에는 다른 나무가 또렷하게 보이겠지요. 세잔은 모든 대상을 평등하게 그려야겠다고 생각했어요. 그러다 보니 뒤에 있거나 앞에 있거나 열심히 본 것이나 그렇지 않은 것이나 똑같은 터치로 캠퍼스를 채운 그림을 그리게 된 것입니다. 그런데 우리가 실제로 산이나 사람, 건물 따위의 대상을 볼 때 세잔의 그림처럼 보지는 않죠. 이런 방식은, 카메라 렌즈를 제멋대로 풀어놓고 아무데다 갖다놓을 때 포착하는 방식이에요. 세잔은 눈으로 보는 진실을 확인하고 싶었다고 해요. "눈으로 진실을 추구하고 싶다. 그런데 누구의 진실인가. 주관적인 진실이 아니라 객관적인 진실을 추구하고 싶다." 이런 그의 생각이 〈생빅투아르 산〉이라는 작품에 담겨 있어요.

우리는 눈으로만 세상을 보지 않는다 • • •

세잔의 또 다른 작품, 〈병과 사과 바구니가 있는 정물〉을 볼게요. 이것도 되게 이상해요. 그림 속 병을 보면 경계선이 흐트러졌어요. 이렇게 그리면 못 그린 그림으로 평가받기 십상이에요. 탁자 경계선도 왼쪽과 오른쪽이 연결되지 않고 어긋나 있어요. 세잔은 왜 이렇게 그렸을까요?

폴 세잔, 〈병과 사과 바구니가 있는 정물〉, 1890~1894

여러분 눈으로 탁자를 한번 보세요. 우리 눈이 탁자 전체를 한눈에 보는 게 아니에요. 사람 얼굴을 봐도 두 눈을 동시에 못 봐요. 우리가 상대의 두 눈을 한꺼번에 보려면 초점을 미간 사이에 두면 볼 수 있는데, 이렇게 보면 한쪽 눈에 초점을 맞췄을 때랑 다르게 보이죠. 물건도 마찬가지예요. 실제로 우리가 어떤 대상을 볼 때 눈이 선 끝에서 선 끝으로 움직인다고 합니다. 눈이 어떤 대상의 선을 따라서 움직이는 게 아니라 말이죠. 대상의 선이 가로막혀 있을 때는 시선이 멈춰요. 그 결과, 눈에만 의지해서 어떤 대상의 선을 한꺼번에 통과하려고 하면 직선이 직선으로 보이지 않고 어긋나게 보인다고 해요. 만약 세잔의 그림처럼 탁자 중간에 물체가 있으면 그 물체를 기준으로 선이 상하로 약간 찌그러져 보인대요.

그런데 우리는 이 그림처럼 보인다고 생각하지 않습니다. 사람들에게 탁자를 그리라고 하면 직선으로 그려요. 우리가 탁자의 선을 직선이라고 생각하는 건 그렇게 믿기 때문이에요. 우리가 어떤 대상을 보고 탁자다, 책이다, 칠판이다, 사람 얼굴이다 알아보는 건 우리 머릿속에 그것의 상이 이미 들어 있어서예요. 그런 상이 저절로 만들어진 게 아니라, 어렸을 때부터 기어다니면서 부딪치고 넘어지고 만지고 온몸으로 탐색해서 어떤 상의 그림이 머릿속에 그려져 있는 거죠. 그러면 실제로 우리가 보는 건 눈이 보는 게 아니라 머리에서 보는 거네요. 이렇게 되기까지는 수많은 과정이 필요하고, 여기 있는 여러분 모두가 그 과정들을 다 거쳐왔습니다. 아니, 태어나면서 지금까지 우리는 계속 그 과정을 거치고 있어요. 우리는 보는 방식을 배우고 있어요. 보는 방식은 배움을 통해서 얻어지는 것이면서, 동시에 내 마음이 바뀌면 변하기도 해요.

오이디푸스는 왜 자신의 눈을 찔렀을까? • • •

'오이디푸스 왕'이라고 많이 들어봤죠? 어떤 이야긴지 알아요?

청소년 : 엄마를 좋아해서 아버지를 죽인 이야기요.

그렇게 알고 있어요? 이번에는 『오이디푸스 왕』 이야기를 함께 살펴봅시다. 고대 그리스 극작가 소포클레스(기원전 496~기원전 406)가 쓴

이 희곡은 예언 하나로 시작합니다. 그것은 테베의 라이오스 왕에게 내려진 신탁으로, 그의 아들이 자신을 죽이고 자신의 아내와 결혼할 것이라는 예언이었습니다. 아들이 아버지를 죽이고 어머니와 결혼하는 게 말이 안 되지요? 사실 이게 저주예요. 이 저주가 내려진 까닭이 있었어요. 라이오스 왕이 남자 조카를 성희롱해 그가 수치심에 자살을 한 일 때문에 저주가 내려진 것입니다.

다른 이야기이긴 합니다만 고대 그리스에서는 남성 간 동성애가 흔한 것이었다고 해요. 보는 눈이 시대에 따라 달라지는 것처럼 도덕률도 시대에 따라 달라지는 모양이에요. 옛날 그리스시대에는 남성 간의 사랑을 남녀 간의 사랑보다 훨씬 우월한 것으로 봤다고 해요. 모든 동물은 암컷과 수컷이 사랑을 나누고, 그 결과로 새끼가 생기는 것이기 때문에, 남녀 간의 사랑은 아이를 낳기 위한 사랑이고, 고로 적어도 다른 동물과 달라야 하는 인간은 종족번식을 넘어선 사랑을 해야 한다. 이것이 바로 남성 간의 동성애를 우월한 사랑으로 본 이유였대요. 희한한 논리예요. 철학자 플라톤, 소크라테스도 동성애를 했다고 전해지죠. 물론 그 당시 얘기예요. 이 말대로라면, 남녀 간에 일어나는 감정은 동물적인 것일까요? 한번 생각해볼 질문이에요.

다시 하던 이야기로 돌아와서, 신탁을 듣고 난 후 정말 라이오스 왕과 그의 아내 이오카스테 사이에서 아들이 태어났고, 겁에 질린 라이오스 왕은 신하에게 아들을 죽이라고 명령하죠. 그렇게 발이 묶여서 못이 박힌 채 상자곽에 버려진 그 아이는 죽지 않고 이웃나라에서 발견되었고, 발이 통통 부어 있어서 '부은 발'이라는 뜻의 오이디푸스라는 이름으로 불리게 됩니다. 이웃나라에서 잘 성장한 오이디푸스는 여행을 떠나고 한 사람이 비켜야 지나갈 수 있는 외길에서 화려한 마차를 끌고 오는 일행을 만납니다. 마차에 탄 노인은 새파랗게 젊은 놈이 어디 나의 앞길을 막아서느냐며 오이디푸스에게 비키라고 하죠. 오이디푸스는 자신을 함부로 대하는 노인에게 화가 나서 길을 막고 버팁니다. 그러자 노인이 지팡이로 오이디푸스의 머리를 땅 때렸어요. 머리 맞으면 기분이 엄청 나쁘잖아요. 성질이 불같았던 젊은 오이디푸스는 마차 일행과 노인을 몽둥이로 때렸는데 그만 노인이 죽고 말아요. 그 죽은 노인이 바로 라이오스 왕, 그의 아버지였어요. 예언이 실현된 거죠.

다시 길을 나선 오이디푸스는 테베에 사는 괴물 스핑크스에 관해 듣게 됩니다. 여인의 얼굴과 가슴, 사자의 몸통, 독수리의 날개를 지닌 스핑크스는 길목을 지키고 있다가 사람들에게 수수께끼를 내서 맞히지 못하는 사람들을 잡아먹었어요. "아침에는 네 발, 점심에는 두 발, 저녁에는 세 발인 게 무엇이냐?" 스핑크스가 내는 수수께끼는 늘 같았지만 맞히는 사람이 아무도 없었지요. 그런데 오이디푸스가 그 수수께끼를 맞혔고 스핑크스는 화가 나서 바다에 몸을 던져버렸어요. 사람들을 괴롭히는 골칫거리였던 스핑크스를 물리친 오이디푸스는 테베의 영웅이 되었고 원래 왕이었던 라이오스가 죽어버린 상황에서 오이디푸스가 새로운 왕이 되죠. 당시에는 선왕의 가족들은 새로운 왕의 소유가 되는 관습이 있어서 오이디푸스는 친모인 이오카스테를 아내로 맞게 됩니다. 결국 예언대로 된 것이죠.

오이디푸스가 왕이 된 후 테베라는 도시는 가뭄이 들어서 곡식이 자라지 못하고, 가난한 사람들이 떠돌고 도둑이 출몰하는 아주 살기 힘든 곳이 됩니다. 오이디푸스는 장님 예언자를 찾아가서 테베에 왜 이런 재앙이 생기는지 물었는데 예언자는 왕의 도덕적 결함을 지적합니다. 신탁에 관한 진실을 알았던 예언자는 왕의 잘못이 뭔지 알고 있음에도 진실을 말할 수 없었어요. 과거의 권력자는 자기에게 거슬리는 말을 하면, 가차 없이 죽이기도 했으니까요. 오이디푸스의 계속된 추궁에 결국 예언자는 진실을 이야기합니다. 무례한 일행과 얽혀 사람을 죽게 하고, 자연스럽게 영웅이 돼서 왕국의 주인이 되기까지, 오이디푸스는 여태까지 자기가 잘못한 게 있다고 전혀 생각하지 않았습니다. 자신은 모르고 한 행동인데도 결국 아버지를 죽이고 어머니와 결혼한 사내가 되어 그 대가를 치르게 된 것을 알고 나서 오이디푸스의 심정이 어땠을까요? 미칠 지경이겠죠.

'내가 뭘 잘못했단 말이야, 나는 믿는 대로 살았을 뿐이야. 내가 옳다고 생각하는 대로 살았고 법을 지키며 살았는데 신이 나에게 준 결과는 파멸이야. 국왕이 전왕의 것을 계승받는 것은 법으로 정해진 것인데 내가 뭘 잘못했다는 거야?'

자신에게 내린 재앙에 대한 분노, 자기만 진실을 모르고 있었다는 것에 대한 자책감, 모르고 한 행동에 대한 죄의식……. 여러 감정이 뒤죽박죽되어서 오이디푸스는 자신의 눈을 찌르고 맙니다. "나는 나한테 볼 수 있는 능력을 갖게 해주신 아폴론 신을 저주하겠다." 이런 심정으로 오이디푸스는 자기 눈을 스스로 찌르고 결국 테베를 떠나 방랑자가 됩니다.

보이는 것 너머의 진실을 알려면 • • •

왜 오이디푸스는 아폴론을 저주했을까요? 아폴론은 태양의 신입니다. 옛날 그리스인들은 사람의 눈이 하늘의 태양과 달과 같다고 생각했어요. 그리스인뿐만 아니라 신화를 만들어낸 지역에서는 다들 그렇게 생각했던 것 같아요. 중국 신화 중 천지를 창조한 반고 거인에 대한 비슷한 이야기가 있어요. 세상이 혼돈상태일 때, 반고라는 거인이 태어나서 기지개를 펴니까 하늘과 땅이 갈라졌대요. 팔을 내리면 모든 게 주저앉기 때문에 반고 거인은 팔을 든 채로 버텼어요. 그렇게 1만 8천 년이 흘러서 반고 거인은 힘이 빠져 죽게 되었어요. 그 죽은 거인의 몸이 산과 강물과 땅이 되고, 거인이 흘린 땀방울과 눈물은 별이 되고 눈동자는 해와 달이 되고 숨은 바람이 됐대요. 인간은 그 털 속에 깃들어 있는 벼룩이래요. 반고의 털은 나무가 됐고요. 그럴듯하죠?

동서양의 옛날 사람들은 해와 달이 이 큰 우주의 눈동자라고 생각했다고 해요. 해와 달이 큰 우주의 눈동자라면, 인간의 두 눈은 '나'라는 우주의 해와 달이에요. 해와 달이 우리 몸에, 얼굴에 있는 거예요. 자, 해와 달이 우주의 눈이라면, 해와 달은 저 위에서 우리를 내려다보겠죠. 그러면 사람들은 태양이 보는 데서는 나쁜 짓을 못 해요. 나쁜 짓을 할 때는 빛이 없는 데서 숨어서 하게 되죠. 이렇게 생각하는 것이 그리스 신화나 다른 문화권에도 있었어요.

그리스 신화의 아폴론은 하늘에 떠 있는 태양의 신이에요. 눈의 신이죠. 눈은 눈앞의 대상을 이건 의자고, 책상이고, 여자고 이런 식으로 식별하는 능력을 지니고 있는데 눈의 신인 아폴론도 이런 능력과 관련되어 있어서, 아폴론 신을 열심히 모시면 분별력(옳고 그른 일을 분별하는 능력)을 갖게 된다고 그리스 사람들은 생각했어요. A를 A로, B를 B로 식별하고, 거기에 대한 지식을 갖는 것을 관장하는 신이 아폴론이죠. "너 자신을 알라"라는 유명한 말은 소크라테스가 한 말이 아니라 아폴론 신전 현판에 새겨진 글귀예요. 아폴론의 말씀이라고 오래전부터 전해 내려오는 말이죠. 우리가 무언가를 알 수 있는 힘은 아폴론과 관련 있다고 그리스 사람들은 생각했다는 거예요.

자, 다시 오이디푸스 얘기로 돌아오죠. 오이디푸스는 자신이 똑똑해서 아무도 풀지 못하는 스핑크스의 수수께끼를 풀었다고, 다른 사람들은 모르는 것을 자신은 안다고 하는 자부심이 있었어요. 그런데 지금까지 내가 눈으로 봐서 알고 있었던 게 전부가 아니었다는 걸 알게 된 것입니다. 아폴론 신의 가르침대로 눈에 보이는 대로 살았는데 그게 다가 아니었구나, 이 세상에는 내 눈으로 볼 수 있는 것이 있고, 볼 수 없는 게 있구나, 눈으로 확인할 수 없는 것이 있구나 하고 오이디푸스는 깨닫습니다.

눈을 믿지 말라, 눈으로 보는 게 다가 아니다. 이런 말이 있어요. 눈은 우리를 속일 수 있어서 눈에 안 보이는 것을 더 소중하게 여기라는 말이 오래전부터 내려져왔어요. 쉬운 예로 화장발이라는 말이 있죠. 화장발도 눈속임이에요. 결혼을 해서 신혼여행을 갔는데 아침에 일어났더니 신부가 바뀌었더래요. 어찌 된 일일까요? 그녀가 한 번도 남자친구 앞에서 맨얼굴로 있지 않았다는 거죠. 그런데 우리는 보이는 대로 믿는 경향이 있어요.

우리 눈은 한계를 가지고 있고 주관성이 있어요. 세잔이 본 생 빅투아르 산을 몽골 사람들이 본다면 다르게 볼 거예요. 몽골 사람들의 시

안토니 브로도프스키, 〈오이디푸스와 안티고네〉, 1828

"『오이디푸스 왕』의 주인공, 오이디푸스는 온갖 모험과 시련 끝에 자기 눈을 스스로 찌르고 방랑자가 됩니다. 왜 그랬을까요? 그것은 눈으로 보는 것이 온전한 진리가 아님을 깨달은 그의 선택이었습니다. '눈으로 보는 것을 전부 믿지 말라, 보이는 것을 의심하라!'"

력은 7.0 정도 된대요. 대기가 맑고 초원이 펼쳐진 곳에서 멀리 보다보니 시력이 좋죠. 가까운 것만 보는 우리는 눈 근육이 그렇게 고정돼 있어서 시력이 낮고, 몽골 사람들처럼 볼 수 없어요. 에스키모인이 눈이나 하얀색을 표현하는 말은 50개가 넘는대요. 눈이 쌓여 있는 얼음, 곧 녹을 얼음, 오래 갈 얼음 등으로 얼음의 차이를 식별할 수도 있어요. 우리는 그렇게까지 못 보잖아요. 습관이 안 되어 있고 배운 적이 없기 때문이죠.

눈은 절대로 객관적이지 않아요. 사람들에게는 누구나 맹점이 있어요. 보지 못하는 것이 있어요. 많은 사람들이 눈에 보이는 세상만 보고, 배운 대로 봐요. 그런데 우리 안에는 내가 모르는 것, 있는 그대로의 진짜를 보고 싶어하고, 알고 싶어하는 욕구가 있어요. 옛날 철학자들은 그것을 '진리'를 아는 거라고 생각했어요. 눈에 보이는 것을 믿지 말고 마음의 눈으로 보라. 이런 가르침이 말은 쉬운데, 실제로는 그렇게 쉽지 않죠. 마음의 눈으로 보는 게 과연 뭘까요?

중국 무협지나 영화를 보면 고수들이 눈을 감고도 칼을 제대로 휘두릅니다. 시각 말고, 바람의 흐름이나 냄새 등 다른 감각을 동원해서 주변의 미묘한 변화까지도 읽어내는 것입니다. 우리가 눈에 홀리면 나머지 감각을 못 느낀다고 합니다. 어떤 방식으로 보도록 교육받으면 그 방식대로만 보게 되고, 그 밖의 나머지 정보에 대해서는 무지해진다고 해요. 맹점의 영역이 커지는 것입니다.

선과 악이 분명한 세상은 없다 •••

그리스 신화에는 눈으로 사람을 죽이는 메두사가 등장합니다. 머리카락이 뱀으로 된 여자 괴물인데 메두사와 눈이 마주치는 사람은 돌로 변해요. 메두사는 원래 굉장히 아름다운 여자였습니다. 그런데 바다의 신인 포세이돈과 서로 좋아하는 사이가 되었고 그와 아테네 신전에서 사랑을 나누다가 아테네 여신의 미움을 사게 되죠. 아테네 여신은 메두사를 괴물로 만들어버리고 페르세우스에게 메두사를 죽이라고 명령을 내립니다. 메두사와 눈을 마주치지 않기 위해 페르세우스는 방패를 거울삼아 메두사의 목을 베어요. 그때 메두사의 목에서 나온 피가 페가수스라는, 날개 달린 하얀 말이 되었어요. 메두사는 괴물이니까 나쁜 것이라 할 수 있는데 메두사의 피에서 좋은 것이 나온 거예요. 옛날 신화는 우리가 생각하는 것처럼 좋음과 나쁨이 확실하게 고정되어 있지 않아요. 나쁜 게 좋은 게 되고, 좋은 게 나쁜 게 돼요.

메두사는 사실 여신이었어요. 반은 인간, 반은 동물인 스핑크스도 여신이었죠. 여신 하면 사람들은 아테네 여신처럼 예쁘고 우아한 여신만을 상상하는데 괴물의 모습을 한 여신도 있어요. 왜 여신이 괴물로 전락한 걸까요?

아주 먼 옛날에는 사람들이 남신보다 여신을 모셨어요. 이 세상에 뭔가를 태어나게 하는 존재가 여자이기 때문이에요. 아이 혹은 새끼를 임신하고 출산하는 것은 여성이나 암컷의 몸에서 이루어져요. 옛날 사람들은 식물도 동물도 지구 전체도 여신이 생명을 불어넣는다고 생각했어요. 자연 전체가 우리에게 먹을 것을 주면, 과일도 주렁주렁 열리고 동물의 수도 늘어나는데 이것은 여신이 하는 일이라고 여겼지요.

이렇게 무언가를 낳고 키우는 건 여성이라 태초의 신은 남신이 아니라 여신이었습니다.

그러나 자연은 좋은 것뿐만 아니라 나쁜 것도 가져다줍니다. 진짜 자연은 우리를 죽일 수도 있어요. 요새 텔레비전을 보면 정글에 가는 프로그램이 있는데 정글이 어떤 곳인가요? 아무런 준비 없이 가면 굶어 죽을 수 있고 맹수한테 잡아먹힐 수도 있고, 늪에 빠질 수도, 절벽에서 떨어질 수도 있어요. 옛날에는 이 모든 것을 만들어내는 게 여성의 힘이라고 생각했는데 그중에 좋은 것은 멋진 여신의 모습으로 그리고 나쁜 것은 괴물 여신의 모습으로 그렸어요. 그래서 그리스 신화에서 영웅들이 나타나서 괴물 여신을 처단하는 것은 자연이 가지고 있는 무시무시한 부분들을 정복한다는 뜻이에요.

메두사가 뱀머리를 지닌 모습으로 있고, 보는 사람들을 돌로 만들어버리는 건 우리가 자연에서 느끼는 어떤 경악이에요. 우리가 깜짝 놀라거나 공포감에 휩싸이면 온몸의 세포가 굳는다고 해요. 호랑이가 어흥 하고 나타나면 동물들의 세포가 굳는대요. 어떤 파장이 근육을 굳게 만들어서 발이 안 떨어지게 된다고 하죠. 나보다 힘이 센 사람이나 주눅이 들게 만드는 사람이 있으면 몸이 오그라들어요. 같은 거예요. 메두사는 자연이 가진, 나를 오그라들게 만들고, 꼼짝 못하게 만드는 부분이에요. 우리는 무서운 건 보고 싶어하지 않아요. 보는 순간 꿈에 나타날까 무서운데 이게 바로 메두사예요. 그걸 없애버리면 마음이 편안해지잖아요. 그래서 그리스 신화에 나오는 남성 영웅들이 한 일이란 게 인간에게 위해를 가하는 것들, 우리가 두려워하는 것들을 처단하는 일입니다. 스핑크스가 낸 수수께끼는 자연이 지닌 알 수 없는 부분에 관한 것이었고, 그 알 수 없는 부분을 알아내서 오이디푸스가 영웅이 된 것이죠. 페르세우스는 우리를 깜짝 놀라게 하는 메두사를 없애서 영웅이 됐고요.

나쁜 눈으로 본다는 건 뭘까? ···

사실 메두사의 눈 같은 사악한 눈과 마주치면 문제가 생긴다는 건 오랫동안 인류가 공유하고 있는 신념체계입니다. 나쁜 눈이란 게 있고, 그런 사악한 눈과 마주치면 그 저주가 나한테도 온다고 생각했어요.

터키에 가면 '악마의 눈'이라 불리는 부적인 나자르 본주를 어디서든 쉽게 볼 수 있습니다. 이 눈 모양의 부적을 팔찌나 목걸이 등으로 만들어서 곳곳에서 팔고, 터키 비행기 꼬리날개에도 이 문양이 그려져 있지요. 예로부터 터키 사람들은 사악한 눈의 저주를 피하게 해준다는 이 부적을 만들어서 몸에 지니거나 현관이나 집안에 걸어두었습니다. 눈의 저주를 막기 위해서 눈 모양의 부적을 만들어 사용하는 것입니다. 그런데 여러분, 사악한 눈이 어떤 눈이에요? 나쁜 눈이 어떤 눈이죠? 내가 언제 다른 사람을 나쁜 눈으로 보게 되나요?

나자르 본주

청소년 : 싫을 때요.

왜 싫죠?

청소년 : 그 사람이 나한테 안 좋은 일을 했으니까요.

그건 비교적 정당한 분노예요. 그런데 우리 인간 마음에는 좀 일그러진 부분이 있어요. 상대가 나보다 잘나면 화가 나요. 시기심, 질투심이 있습니다. 옛날 동화 중에 13번째 마녀가 자기를 초대하지 않았다는 이유로 공주에게 마법을 걸어서 잠자게 만드는 얘기가 있어요. 꼬마 아이도 아는 〈잠자는 숲속의 공주〉 이야기예요. 초대받지 못해서, 왕따당해서 마녀가 마음의 상처를 입은 거예요. 우리가 상처받는 이유는 굉장히 여러 가지인데, 마음의 상처를 받으면 마음이 사악해지고 저주를 퍼붓게 되기 쉽습니다.

그러니까 나쁜 사람이 따로 있는 게 아니라 마음의 상처를 계속 받으면 그 사람이 나빠질 수 있다는 얘기예요. '두고 보자', 이런 마음이겠죠. '네가 잘나서 나를 이 지경으로 만들었어', 남 탓을 하고 때로 저주의 마음을 품기도 합니다. 옛날 사람들은 저주의 마음을 가지고 누군가를 쳐다보면 정말 그 저주가 그 사람에게 간다고 생각했어요. 그런 저주의 눈빛으로 뭔가를 바라보면 나무도 열매 맺지 못하고 아이도 안 생기고 잘되던 집안도 망한다고 믿었죠. 그래서 그런 사악한 눈의 저주를 피하려고 이런 부적을 만들어서 걸어놓는 풍습이 생기게 된 거예요. 우리는 눈으로 저주의 에너지를 보낼 수 있습니다.

내 마음의 눈으로 본다는 것 • • •
〈올랭피아〉는 19세기 말 화가 에두아르 마네가 그린 그림입니다. 이 작품이 미술관에 걸렸을 때 크게 논란을 일으켰다고 합니다. 문제는 그림 속 여성의 시선 때문이었습니다. 그림 속 여자는 창녀예요. 목에 두른 검은 천으로 된 목걸이가 이 당시 창녀들의 패션이었다고 해요. 마네는 창녀가 누워 있는 그림을 그려놓고 제목을 〈올랭피아〉라고 붙였어요. 올림픽의 어원이 된 올림피아의 불어식 발음이 올랭피아인데, 올랭피아는 여신이에요. 창녀를 여신으로 그린 것이 당시 사람들의 반감을 샀죠. 더 문제가 되었던 건 누워 있는 여자가 앞을 똑바로 쳐다보고 있었다는 점이었습니다. 지금 식으로 생각하면 이상하죠?

당시 미술관에 그림을 보러 온 사람들은 자기가 품위 있고 창녀보다 낫다고 생각하는 사람들이 다수였겠지요. 그런데 감히 창녀가 시선을 피하지 않고 관람객인 자신을 똑바로 쳐다보는 걸 사람들은 굉장히 불쾌하게 여겼다고 합니다. 게다가 여자잖아요. 강의 초반에 보는 사람과 보이는 사람 이야기를 했는데, 마치 불량배가 사람들에게 "뭘 봐"라고 하는 것과 비슷합니다. '보는 사람'이 권력을 가지고 있는데 여기서는 관람객과 창녀의 권력이 동등선상에 있게 된 거예요.

우리 시대에 남녀가 많이 평등해졌다지만 오랫동안 권력은 남자 쪽에 쏠려 있었습니다. 보는 쪽은 남자고 보이는 쪽은 여자였어요. 신윤복의 〈미인도〉가 그려진 시대에는 여자가 남자를 먼저 똑바로 쳐다보면 방자하다는 소리를 들었어요. 여자는 남자가 쳐다보면 시선을 피하는 게 관례였지요. 왜냐하면 여자한테 권력이 없기 때문이었어요. 그래서 여자는 잘 보이기 위해서 힘써야 했습니다. 잘 가꿔야 했어요. 여자들 자신도 스스로를 보는 존재가 아니라 잘 보이기 위한 존재라고 생각했기에, 내가 내 눈으로 보는 것을 중요하게 여기는 게 아니라 내

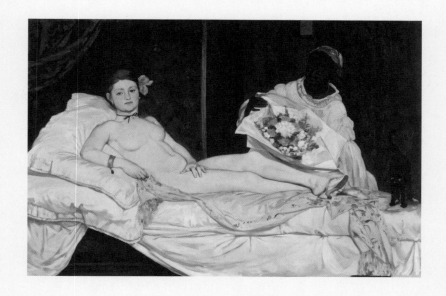

에두아르 마네, 〈올랭피아〉, 1863

"19세기 말, 프랑스 파리 오르세 미술관에 마네의 〈올랭피아〉가 전시되자 큰 논란이 일었습니다. 문제는 그림 속 여성이 시선을 피하지 않고 관람객들을 똑바로 쳐다보고 있다는 점이었어요. 동서양의 명화를 보면 그림 속 여성들이 정면을 응시하지 않고 다른 쪽으로 시선을 돌리고 있어요. 오랫동안 여성은 보는 주체가 아니라 보이는 대상으로 존재했습니다."

가 다른 사람 눈에 어떻게 보일까를 늘 염두에 뒀죠.

　동서양의 명화를 봐도 그림 속 여성들이 정면을 응시하지 않고 다른 쪽으로 시선을 돌리고 있어요. 자신을 쳐다보는 상대의 시선을 약간 의식은 하지만 보지는 않아요. 물론 요새는 남성도 자기를 보이는 존재로 봐요. 몸 만들기, 패션, 외모 가꾸기에 치중하고 그것을 자신의 정체성으로 내세우는 남성들도 있어요. 고양이가 털을 고르는 그루밍을 하는 것과 비슷하다고 해서 이런 부류의 남성들을 가리켜 '그루밍족'이라 부릅니다. 그런데 말이죠, 내가 어떻게 보일까에만 관심을 가질 때 내 안에 있는 생각이나 내가 정말 원하는 것들은 가려지기 쉬워요.

　다른 사람의 방식으로 나를 본다는 것은 무엇일까요? 어렸을 적에는 엄마한테 칭찬받고 싶어서 내 눈이 아니라 엄마의 눈으로 나를 봐요. 이렇게 하면 엄마가 예쁘게 보겠지. 중고등학교 때는 아침에 거울을 볼 때 선도부의 눈으로 봐요. 선도부의 검열에 걸리지 않기 위해서 교복은 단정한지, 이름표는 제대로 달았는지, 머리는 괜찮은지 스스로 점검하죠. 속마음은 염색도 하고 싶고 피어싱도 해보고 싶지만 그렇게 하면 사람들이 나를 이상하게 보겠지, 날라리로 찍히겠지, 부모님이나 선생님한테 혼나겠지라는 생각에 되도록 튀지 않게 행동합니다. 또 남자친구가 나를 어떻게 볼까? 이런 생각이 머릿속에 들어와서 그 사람의 방식으로 나를 보기도 합니다.

　다른 사람의 시선 중에는 일반적인 세상 사람들의 시선도 있지만, 우리 대부분은 어릴 적 엄마 아빠가 보는 방식이 내 마음에 들어와 있어서 엄마 아빠의 눈으로 보고 조금 더 크면 선생님의 눈으로 보고 조금 더 크면 자기 또래 눈으로 보고 그다음에는 TV 방송의 눈으로 봐요. 뭐가 어때서? 그렇게 보면 문제가 있나요? 내 삶의 주인이 내가 못 되는 거예요. 내가 아니라 다른 의도를 가지고 있는 집단이나 그들의 편의에 끌려 다니는 노예상태가 되는 것이죠.

엄마들이 아이한테 '착하지' 이런 말을 할 때가 있습니다. 대개 말 잘 들을 때 이런 말을 하죠. 물론 좋은 의도를 가지고 옳은 생각이나 행동에 대해서 이 말을 쓰기도 하지만 대부분 '말 잘 듣지'의 의미는 '착하다'예요. 말 잘 듣는다는 건 시키는 대로 한다는 거예요. '착하지'라고 말하는 사람의 뜻대로 움직이는 것이죠. 비단 부모가 자식에게뿐 아니라, 많은 사람과 집단에서 '착하지'라는 메시지를 보내요.

다시 말해 '착하지'라는 건 '착하지'라고 말하는 사람 말대로 하라는 건데, '착하지'라는 말을 통해서 뭔가 보상을 받고 그러한 보상체계에 힘입어 우리 안에 다른 사람의 눈이 들어오게 됩니다. 그 내부의 눈이 우리가 이 세상을 보는 눈으로 작용해요. 저는 여러분에게 남의 방식이나 배운 대로 보는 게 아니라 '내 방식대로 보기'를 권장하고 싶어요.

배움이 중요하지만 그게 다가 아니에요. 많은 사람들이 옳다고 생각하는 대로 볼 수도 있지만 딴지를 걸어볼 수도 있어요. 기존에 나에게 요구되는 규범, 질서, 도덕들에 의심을 해보는 거예요. 선생님이나 부모님이 시키는 대로 착한 학생이 되는 게 내 삶에 좋은 것인가? 그렇게 사는 게 제대로 사는 거야? 이게 멋있다고 하는데 정말 멋있어? 왜 멋있는데? 이게 아름답다고 하는데 정말 아름다운 거야? 이게 훌륭한 행동이라고 하는데 정말 그런 거야? 왜 그럴까? …… 물론 답이 안 나올 수도 있지만 질문을 던지는 그 자체로 분명 의미가 있을 거예요.

신윤복의 〈미인도〉 속 여인을 왜 사람들이 아름답다고 했을까? 눈이 크고 부리부리하고 눈빛이 밖으로 발광하면 왜 아름답지 않다고 했을까? 반문해보는 거예요. 눈빛이 밖으로 발광한다는 것은 세상을 향해 표현한다는 뜻입니다. 내 안에 숨기는 게 아니라 드러낸다는 거예요. 앵두 같은 작은 입술을 왜 아름답다고 봤을까? 그 시대에는 소극적이고 조용하고 자기표현을 하지 않는 여자를 아름답다고 본 것입니다. 여자가 자기표현을 잘하면 남자와 싸우겠죠. 남자 입장에서는 관리하기 힘들죠. 과거에는 지금과는 달리 여자가 재산이었으니까. 그렇기 때문에 조용하고 반항하지 않은, 순응적인 여성을 아름답다고 보았던 거예요.

반대로 이런 게 남성에게 있으면 추함으로 봤습니다. 무가치하다고. 그 당시 남성에게 요구된 덕목은 적극적으로 행동하고 쟁취하는 것이었지만 여성에게는 해당하지 않았던 거예요. 이렇게 시대가 요구하는 여성성, 남성성이 있듯이, 멋지다, 멋지지 않다, 아름답다, 아름답지 않다는 기준도 마찬가지로 사회의 시각에 맞춰서 형성돼요.

많은 사람들은 주변에서 주입한 대로, 듣고 배운 대로 믿어요. 타인의 시각이 내 안에 들어와서 그대로 작용하고 있는 거예요. 우리가 나답게 살고 행복하게 나를 긍정하고 살려면, 남의 시각을 염두에 둘 필요는 있지만 남의 시각에 지배당하면 안 돼요. 남의 시각에 휘둘리면 자기를 긍정하는 게 잘 안 되거든요. 남의 시각에서 보면 나는 항상 모자라요. 있는 그대로의 나는 이 모습인데 밖에서 통용되는 시각에서 보면 다른 것들이 더 멋있게 보이니까요.

저는 이 세상을 살아가는 출발점이, 있는 그대로의 나를 긍정하는

데서 비롯한다고 생각해요. 이것이 건강함이고 행복함의 근원이고 내 삶을 끌고 갈 수 있는 힘이 거기서부터 생겨난다고 믿어요. 그런데 그 힘을 갉아먹는 요소 중의 하나가 남과 나를 비교하는 것 그리고 내 안에서 태어나지도 않은 시각에 의해서 내가 좌지우지되는 것이에요. 내 삶을 끌고 가는 시각을 자기 스스로 마련해야 해요. 때로 그 시각이 대다수의 시각과 충돌할 수도 있어요. 그럴 때 힘은 어디서 끌어내느냐 하면 내가 나를 긍정하면 그 안에서 힘이 생겨요. 그런데 대다수 사람들의 생각이 더 맞는 것 같아, 센 거 같아, 잘 모르겠어, 많은 사람들이 얘기하는 것 같으니까, 라는 이유로 그 흐름에 따라가다 보면 나는 비교급으로 전락하겠죠. 그 시각에 맞춰야 하니까. 그런 삶이 과연 행복할까요?

청소년 : 다른 사람의 시각으로 보는 게 안 좋다고 하셨는데 그런 것들이 나를 발전시키는 것 아닌가요?

김융희 : 발전이라고 하면 좋은 방향으로 가는 건데 좋은 방향인지 아닌지는 누가 결정하나요? 그러니까 우리가 공부하고 배우는 것도 결국은 나의 타고난 시각이 아니라 다른 사람의 생각을 배우는 거잖아요. 그런 걸 배울 필요가 없다거나 무시하라는 말이 아니라 그런 것은 참고대상이라는 말을 하고 싶은 거예요. 저는 예전에 '책을 믿지 말라'는 말을 자주 했어요. 책에 나오면 다 맞고 따라야 할 것 같은데 그게 틀린 말일 수도 있고 시대적 상황 때문에 그런 글을 썼을지도 몰라요. 배경이나 상황에 따라 옳고 그른 것의 기준이 달라지기도 하고요. 옛날의 가치가 시대가 바뀌어 사라지는 경우도 있습니다. 어떤 것이든

무작정 믿지 말라는 얘기입니다.

　우리들 각자는 스스로 생각하고 따져볼 수 있는 존재예요. 그런데 나도 모르게 권위 있다고 생각되는 것들이 있어요. 곰곰이 따져보고 권위를 부여하는 게 아니라 나보다 힘이 세 보이기 때문에 그게 옳다고 생각하는 경우가 있죠. 우리가 많은 것을 배우고 참조하는 주인은 내가 되어야 한다는 말이에요. 내가 중심이 돼서 따져보자는 거죠.

　청소년 : 반항하는 것이 주체성 있는 행동이라고 할 수 있나요?

　김웅희 : 주체성이 없으면 반항을 못 하죠. 그런데 경우에 따라서 반항할 수 있다는 거지 반항만이 해법이라는 얘기는 아니에요. 주체성 있는 사람이 다 반항하는 것도 아니죠. 경우에 따라서는 반항을 불사하는 경우도 있어요. 복종하지 않을 권리가 있는 거예요.

　청소년 : 왜 어른들은 청소년이 어른들 말을 잘 들어야 한다고 생각하는지 그 이유를 모르겠어요.

　김웅희 : 사람한테는 내가 아닌 다른 존재도 내 뜻대로 하고자 하는 욕망이 있는 것 같아요. 내 말을 잘 들었으면 좋겠다, 라는. 이런 욕망을 나보다 힘이 센 사람한테 드러내고 요구할 수는 없죠. 가장 쉬운 방법은 나보다 힘이 약한 사람에게 내 뜻을 요구하는 거예요. 그러면 약한 쪽에서는 자신에게 돌아올 피해나 처벌이 두려워서 시키는 대로 하게 되기 쉬워요. 타인을 지배하고자 하는 이런 심리가 우아한 욕망일 수는 없지만 우리 안에 크든 작든 어느 정도 다 내재되어 있는 것 같아요. 그렇지만 모두가 다 그렇게 행동하지는 않습니다. 내가 내 맘대로

할 수 있음에도 불구하고 그렇게 하지 않으려는 마음도 있습니다. 왜 그럴까요? 그렇게 하는 게 자기 자신이 훌륭하지 않아 보인다거나 행복하지 않다거나 억지로 하게 하는 게 싫다거나 하는 등의 이유가 있겠지요. 스스로 내가 왜 이런 마음을 갖고 행동하는가에 대해서 생각해보고 행동하는 게 중요할 것 같아요. 고민하지 않고 내키는 대로 행동하면 좋아 보이지 않죠. 인간이 가지고 있는 자유의지라는 것이, 어떤 게 더 좋은가 스스로 생각해보고 행동하는 것 아닐까요.

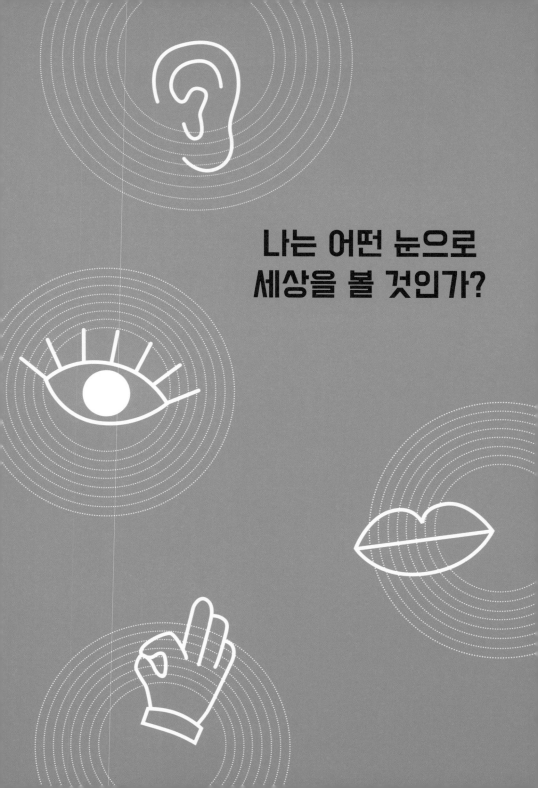

나는 어떤 눈으로
세상을 볼 것인가?

손현철

서울대학교와 동 대학원에서 철학을 공부했다. 첫 직장인 광고대행사에서 카피라이터로 2년간 근무하다, 1994년 KBS에 입사해 다큐멘터리 PD로 일하고 있다. 휴먼 다큐멘터리 〈사람과 사람들〉을 시작으로 〈메콩 강〉 5부작, 대하 문명 다큐멘터리 〈몽골리안 루트〉 8부작, 〈TV 책을 말하다〉, 〈KBS 스페셜〉, 〈다큐멘터리 3일〉, 〈역사스페셜〉, 〈환경스페셜〉, 〈황금의 펜타곤〉 등을 제작했다. 시각과 청각에 치우친 인간 오감(五感)의 권력 지형도를 미각, 후각, 촉각에 공평하게 분배해야 한다고 주장하는 감각 평등주의자. 저서로 사라져가는 한반도 강변 모래의 생태 · 문화적 의미를 다룬 『모래강의 신비』, 『세 PD의 미식 기행, 목포』(공저), 『세 PD의 미식 기행, 여수』(공저) 등이 있다.

반갑습니다. 방송국에서 다큐멘터리를 만들고 있는 손현철 PD입니다. KBS 〈역사스페셜〉, 〈환경스페셜〉, 〈과학스페셜〉, 〈다큐멘터리 3일〉 등이 그동안 제작해온 프로그램인데요, 제가 하는 일이 영상을 찍고, 찍은 영상을 편집·구성해서 이야기를 만드는 일이다 보니 '눈'이라는 단어는 저와 떼려야 뗄 수 없는 한 글자입니다.

제가 카메라에 담은 생물들 사진을 보면서 이야기를 시작해볼게요. 다음 쪽(60쪽 참조)에 나오는 처음 사진은 카스피해 근처에서 찍은 벨루가 철갑상어입니다. 서양 사람들 기준으로 세계 3대진미 중 하나라고 하는 캐비어는(우리나라 식으로 얘기하면 명란젓 같은 음식이죠) 철갑상어의 알인데 철갑상어는 멸종위기에 처해 있는 물고기예요. 영화 〈죠스〉에 나오는 백상어처럼 사나운 상어는 아니고, 사진처럼 사람이 들고 있어도 물지 않아요. 두 번째 사진은 일본 오키나와에 사는 아주

벨루가 철갑상어(이란 카스피해) | 하브 독사(일본 오키나와)
서부저지대고릴라(아프리카 가봉) | 결혼식의 신부(이란 람사르)

"식물과 동물의 차이는 눈이 있느냐, 없느냐의 차이예요. 식물에게도 빛을 받아들이는 기관이 있긴 하지만, '눈'이라고 하는 시각기관은 움직이는 생물인 동물한테만 있어요. 눈은 빛의 자극을 받아 사물을 보는 생물의 중요한 감각기관입니다."

무서운 독사예요. 아프리카 가봉에서 만난 고릴라도 보입니다. 마지막 사진은 이란 람사르에서 본 신부입니다. 철갑상어를 찍으러 갔을 때 우연하게 그 마을 결혼식에 초대받아서 찍은 사진이에요. 눈이 참 예쁘지요?

이들 사진에서 공통점을 한번 찾아볼래요? 모두 동물이라는 점, 그리고 눈을 가지고 있다는 점을 들 수 있어요. 식물들한테 눈이 있나요? 없나요? 식물에게도 빛을 받아들이는 기관이 있긴 하지만, '눈'이라는 시각기관은 움직이는 생물인 동물한테만 있어요. 눈은 빛의 자극을 받아 사물을 보는 생물의 중요한 감각기관입니다. 눈을 감으면 우리는 아무것도 안 보여요. 깜깜한 어둠만이 앞을 가로막죠.

눈이 없는 삶이란? : 헬렌 켈러가 세상을 보는 방법 •••

하나의 세포로 이루어진 아메바나 유글레나 같은 단세포 동물에게도 우리와 같은 눈은 아니지만 빛을 감지하는 세포가 따로 있습니다. 파리나 모기, 잠자리 같은 곤충의 눈을 현미경으로 보면 수많은 점으로 보이죠. 곤충의 눈은 '복안'으로 렌즈가 많게는 수천 개씩 달려 있는 구조로 돼 있어요. 사람을 비롯한 영장류와 포유류의 눈은 하나의 동공 안에 카메라 렌즈 비슷한 수정체가 있고 그 뒤에 상이 비치는 망막, 두뇌와 연결되는 시신경이 있는 구조예요.

그런데 선천적으로 눈이 없이 태어난 사람들이 있습니다. 엄마 뱃속에서 눈이 발생하지 않은 기형으로 10만 명 중의 3명꼴의 아기가 안구가 없는, 무안구증으로 태어난다고 해요. 확률로 따지면 0.00003이니까 적다고 볼 수도 있지만, 실제로 이렇게 태어나는 아기들이 있어요. 눈이 없이 태어난 사람은 빛이라는 것을 받아들일 수 없어서 평생을 어둠 속에서 살게 됩니다. 그 대신 이들은 인간이 지닌 오감 중 시각을 제외한 나머지 네 감각에 의존해서 살아가죠. 청각(귀), 미각(입, 혀), 후각(코), 촉각(손, 피부)이 그것입니다.

후천적으로 눈이 머는 경우도 있어요. 여러분이 잘 아는 헬렌 켈러(1880~1968)는 생후 19개월 때 뇌수막염에 걸려 시각과 청각을 잃어버렸지요. 이런 상황에 처하면 세상과 소통하는 게 어렵겠지요. 아기는 엄마의 말소리를 듣고 말을 배우기 시작하는데, 말을 제대로 알아듣기도 전인 생후 19개월에 헬렌 켈러는 귀가 먹고 눈이 멀어버렸어요. 그런데 헬렌 켈러는 설리번 선생님이라는 훌륭한 분을 만나서 촉각, 미각, 후각 세 가지 감각만을 가지고 세상과 소통하는 법을 배워갑니다. 엄마가 어떻게 생겼는지, 무슨 생각을 하는지, 세상이 어떻게 이루어졌는지 알게 된 거지요. 엄청 신기하죠. 어떻게 이런 일이 가능했을까요?

설리번 선생님이 어린 헬렌 켈러에게 어떤 개념을 알려주는 방법은 이랬습니다. 가령 '물'이라는 단어를 알려줄 때, 어린 헬렌의 한쪽 손에 물을 부어주면서 다른 쪽 손바닥에는 물(water)이라는 단어를 수십 번씩 써주었습니다. 아가들이 세상을 파악하는 것도 이와 비슷합니다. 엄마들이 아가들에게 어떤 개념을 가르칠 때 개 그림이나 사진을 보여주면서 '이건 개야'라고 반복해서 얘기해줍니다. 아이는 처음에는 그게 뭔지 모르지만 열 번, 스무 번 반복하다 보면 시각으로 보는 개의 모습과 엄마가 얘기해주는 개라는 단어, 이 둘을 연결시키죠. 물론 처음에

유섭 카쉬, 〈헬렌 켈러〉, 1948

"헬렌 켈러는 생후 19개월 때 시각과 청각을 잃어버렸습니다. 그런데 설리번 선생님을 만나 촉각, 미각, 후각 세 가지 감각만으로 세상과 소통하는 법을 배워갑니다. 결국 책도 여러 권 쓰는 작가로 활동하게 되었고, 평화주의자·사회운동가로 명성을 떨쳤습니다."

는 어렵지만 반복하면 아이의 머릿속에서 '이렇게 생긴 게 개구나' 하고 연결 짓게 돼요.

그런데 개의 종류도 여러 가지가 있잖아요. 치와와, 시추, 리트리버, 진돗개, 똥개…… 다양한 종류가 있어요. 놀라운 건 서로 다른 개의 종류를 보면서 우리 인간은 동일한 '개'라는 범주로 구분을 한다는 거예요. 이건 인간 두뇌가 가지고 있는 아주 중요한, 유추(analogy)라는 기능입니다. 서로 비슷한 것들을 보고 둘 간의 연관성을 파악할 줄 아는 능력인데, 이 능력을 점점 발전시켜가면서 우리의 지식이 확장되는 거예요.

그러나 헬렌 켈러는 시각적인 유추를 할 수 없었어요. 대신에 촉각으로 만지면서, 맛을 보면서, 냄새를 맡으면서 어떤 개념을 익혀갔습니다. 가령, 장미꽃 냄새를 여러 번 맡게 해주면서 손바닥에 장미(rose)라는 단어를 써주는 식으로요. 어린 헬렌은 글자도 모르고 장미라는 단어의 발음도 잘 모르지만, 이 과정을 반복해서 하면 '장미(rose)라는 기호로 이 냄새가 표현이 되는구나' 하고 이해하게 됩니다. 또 장미 잎사귀를 볼에다 대주면서 장미라는 단어를 손바닥에 써주었지요. 장미 잎사귀와 국화 잎사귀는 다르잖아요. 그 차이를 미세하게 느끼면서 헬렌은 장미의 촉감과 장미라는 단어도 연결시키게 되죠. 그다음에는 설리번 선생님이 장미를 발음하는 자신의 입술을 헬렌에게 손가락으로 만지게 해요. 입술의 움직임과 모양을 읽으면서 발음도 습득하게 되지요.

시간이 지나면서 여러 단어와 여러 자극을 매일매일 반복하면 헬렌의 머릿속에는 다양한 개념들이 서로 연결되어 자리를 잡게 됩니다. 헬렌이 의식하지 못하는 사이에 뜨거운 불 가까이 가면 '이건 불이야'

하고 연결지을 수 있게 되었고, '물과 불이 만나면 어떻게 될까?' 하는 의문도 가질 수 있게 되었죠. 이런 생각이 헬렌의 머릿속에서 자기도 모르게 연쇄작용을 일으키면서 발전하기 시작했어요.

헬렌 켈러는 자서전에서 이렇게 말합니다.

"감촉과 냄새 같은 감각들이 내게 무수한 개념들을 제공한다는 것을 알고 무척 놀랐다. 이것들은 내게 시각과 청각의 세계에 대한 단서를 주었다."

"기분 좋은 향기의 종류와 농도를 관찰한다. 이를 통해 다양한 색의 종류와 색조에 내 눈이 어떻게 매혹되는지 상상할 수 있게 된다."[★]

헬렌 켈러는 볼 수도 들을 수도 없었지만, 감촉과 냄새를 통해 머릿속에서 세상의 모습을 그려낼 수 있었습니다. 후각, 촉각, 미각으로 받아들인 느낌을 유추를 통해 시각, 청각의 개념으로 확장해갔던 것입니다. 다시 말해, 물이라는 대상이 눈에 보이지 않지만, 그 대상과 그것과 관련된 후각, 촉각, 미각적 개념들을 머릿속에 연결시키는 방식으로 세상을 이해해나간 것입니다. 보이지도 들리지도 않는 헬렌 켈러는 이런 방식으로 자기만의 세계를 구축해갔습니다. 결국 책도 여러 권 쓰는 작가로 활동했고 미국의 사회주의운동에도 큰 역할을 했습니다. 평화주의자 · 여성운동가로도 명성을 떨쳤지요.

★   Helen Keller, *The Story of My Life*, New York, Doubleday, 1914.

유추와 상상으로 세계가 확장된다 •••

헬렌 켈러가 머릿속으로 끊임없이 했던 활동, '유추'와 '상상'은 개그맨들도 많이 하는 작업이에요. 저는 〈개그 콘서트〉를 즐겨 보는데 그 중 가장 기발하고 재밌었던 게 '부조금' 얘기였어요. '애매한 것을 정해 주는 남자'라는 코너에서 "친구가 결혼을 하는데 부조금으로 5만 원을 낼지, 10만 원을 낼지 고민이 됩니다. 이럴 경우 어떻게 해야 합니까?"라고 누가 물었어요. 그랬더니 개그맨 최효종이 "결혼식이 적은 비수기에는 10만 원, 결혼식이 많은 성수기에는 5만 원"이라는 대답을 해서 사람들의 폭소를 자아냈어요.

보통 성수기 · 비수기라는 말은 여행 갈 때, 콘도 예약할 때, 비행기 표 예약할 때 쓰는 말이에요. 여름휴가 시즌에 제주도행 비행기 표를 예약하려면 성수기 요금이 적용돼서 다른 때보다 비싸죠. 미리 예약하지 않으면 자리도 별로 없어요. 그런데 개그맨 최효종은 결혼식 부조금하고 성수기 · 비수기를 연결시켰어요. 4~9월은 결혼식이 많아서 부조금으로 나가는 돈의 부담이 커요. 그래서 결혼식이 잦은 성수기에는 5만 원으로 하자는 거죠. 게다가 4~9월은 신랑 신부가 결혼하기 좋은 계절이에요. 날씨 좋고 신혼여행 가기도 좋을 때니까 부조금은 양보하라는 거죠. 반면 결혼 횟수가 적어지는 겨울에는 10만 원. 얼마나 합리적이고 재밌는 얘기인가요? 이 두 가지를 연결할 생각은 사람들이 별로 안 했을 거예요. 결혼식 부조금하고 여행 성수기 · 비수기하고 무슨 관련이 있겠어요? 그런데 상관없는 두 가지를 연결하니까 재밌어지고 웃기잖아요.

비슷한 예는 많아요. 김준현은 뚱뚱한 몸을 개그로 건강하게(?) 승화시키는 개그맨인데 이런 개그를 한 적이 있어요. 김준현이 후배랑 차를 타고 가던 중에 안전벨트 미착용 단속을 하고 있더래요. 그래서 벨트를 매려고 하는데, 옆에 있던 후배가 이러더래요. "에이, 형은 에어백이 있는데 뭔 벨트를 해." 이 대목에서 청중들이 빵 터졌어요. 에어백하고 김준현을 연결시킨 거예요. 에어백이 터지면 그 안에 공기가 들어차서 어떻게 보면 '나온 배' 같잖아요. 형태상의 비슷함이 있어요. 김준현이라는 개그맨은 에어백과 자기의 몸을 비유, 유추해서 사람들한테 웃음을 이끌어낸 거지요. "사람들이 내 옆을 지나가면서 '쟤는 쳐다만 봐도 후끈거려' 이렇게 수군대는데 내가 무슨 귀뚜라미 소리 내는 보일러야? 나만 보면 뜨겁게?" 김준현의 개그를 들은 좌중은…… 일동 폭소하죠.

우리의 뇌는 내가 이미 알고 있는 어떤 것과 이것과 연결된다고 미처 생각하지 않았던 어떤 것을 연결지을 때 거기서 불꽃이 번쩍 일어나요. 개그맨도 언뜻 연결이 안 되는 두 가지를 연결시켜서 사람들을 웃겨요. 그런 아이디어를 내느라 머리를 짜내는 게 개그맨이죠. 여러분도 개그 프로그램에서 사람들이 어떤 대목에서 웃는지 한번 잘 분석해보세요.

우리가 세상을 보는 방식 자체도 이렇게 '연결'로 이루어져 있어요. 연결, 유추, 비유를 통해 비슷한 것끼리 묶어 나가면서 새로운 지식이 생기는 거예요. 배움이란 게 다른 게 아니에요. 창의력, 상상력이라는 것도 결국 연결이 안 될 것 같은 두 개를 연결시키는 것에서 비롯합니다.

촉각의 한계 • • •

'장님 코끼리 만지기'라는 말이 있어요. 촉각이라는 감각이 한계가 많다는 얘기이기도 하지만, 시각이 중요하다는 뜻도 됩니다. 앞을 못 보는 장님은 코끼리의 다리를 만져보고 그게 코끼리라고 생각합니다. 또다른 장님은 코끼리 코를 만져보고 그게 코끼리의 전부라고 생각할 수도 있지요. 촉각만으로는 전체 형체를 한꺼번에 파악할 수 없는 반면, 시각으로는 어떤 대상을 한순간에 다 알아볼 수 있습니다. 저는 여기모인 여러분 한 명 한 명의 얼굴, 표정을 한눈에 다 파악할 수 있어요. 누가 안경을 썼는지, 누가 졸고 있는지 한눈에 보여요. 컴퓨터한테 여기 모인 사람들의 생김새를 파악하라고 명령하면, 3박 4일이 돼도 못할걸요! 왜냐면 컴퓨터가 제일 하기 힘들어 하는 게 사람 얼굴 구별하는 거니까요.

우리 인간은 한 사람의 얼굴을 한 번 봐도 기억합니다. 처음 만난 사람을 나중에 보면 그 사람 이름은 기억 못 해도 얼굴 생김새나 형체는 기억을 해요. 누구한테 배운 것도 아닌데 얼굴의 패턴을 머릿속에 기억하고 다시 그 정보를 불러낼 수 있는 게 우리 인간 두뇌의 중요하고도 뛰어난 능력인데 이것은 눈을 통해서 일어나지요. 촉각으로는 절대 일어나지 않아요.

물론 촉각은 세상에 갓 태어난 아기가 엄마와 관계 맺는 중요한 감각입니다. 엄마가 아기를 안아주는 것도 아기가 엄마의 젖을 빠는 것도 촉각 없이는 이루어지지 않죠. 이렇듯 촉각은 아주 친밀한 근접 거리에서는 중요한 감각이지만 조금만 거리가 떨어져도 아무 소용이 없는 감각입니다. 접촉하지 못하는 것은 나에게 정보를 주지 못하기 때문이죠. 하지만 시각으로는 100미터 떨어진 대상에서도 정보를 파악할 수 있습니다. 저 대상이 무슨 색깔이고 모양은 어떤지, 어디로 움직이려고 하고, 얼마나 멀리 있는지, 아주 빠른 순간에 파악할 수 있어요. 이런 눈이 어떻게 발달하게 됐을까, 하는 물음은 학자들도 오래전부터 가졌던 궁금증이었습니다. 이렇게 중요한 감각기관인 눈이 어떻게 탄생하고 진화했는지를 알려면 '빛' 이야기로부터 시작해야 합니다.

모든 이야기는 빛으로부터 시작했다 • • •

세계 각국의 신화를 찾아보면 빛과 관련한 신화가 굉장히 많습니다. 고대 이집트의 최고 신은 태양신 '라'예요. 구약성경에도 "[신이] 빛이 있으라 하시니 빛이 있었고……"라는 구절이 있죠. 태초에는 어둠뿐이었는데 빛이 생기면서 세상이 시작되었다고 보는 기록은 어느 문화권에서든 있어요. 그 빛의 원천은 우리에게 태양이에요. 태양계 행성이 아닌 다른 행성과 외계가 있다면 거기에는 그들의 태양이 있겠지만, 우리에게는 우리의 태양이 있지요.

학자들은 태양으로부터 오는 빛이 우리의 눈을 발달하게끔 만들었다고 말합니다. 이 눈이라는 것은 빛 때문에 발생 · 진화하기 시작했고, 지구상의 모든 생명은 빛으로부터 출발했습니다. 빛이 없으면 살 수 없지요. "중국 사람들은 다리 달린 것 중에서 책상 빼고 다 먹고, 날아다니는 것 중에서 비행기 빼고 다 먹는다." 이런 우스갯소리가 있어요. 과장이 아니라 인간이라는 종은 생태계 먹이사슬의 최상위 포식자로 온갖 것들을 먹어요. 그런데 이런 강력한 포식자인 인간도 만약에

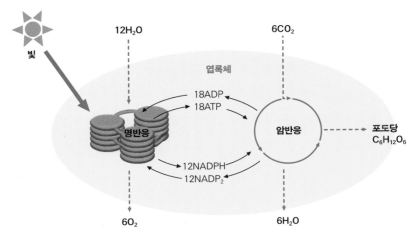

광합성의 과정

빛이 없어지면 생명을 유지할 수 없습니다. 통조림을 엄청나게 저장해 놓은 사람이라면 빛이 없어도 당장 며칠, 몇 달간은 살 수 있겠지만, 통조림이 바닥나면 끝입니다.

　이런 얘기가 영화로도 나온 적이 있어요. 〈로드〉라는 제목의 영화인데 지구에 종말이 와서 먹을 것이라곤 오염되지 않은 통조림밖에 없는 상황에서 아들과 아버지가 살아남기 위해 통조림을 찾아다니는 내용이에요. 미국의 소설가 코맥 매카시가 쓴 동명의 소설을 영화화한 작품이죠. 왜 지구에 종말이 왔는지 작품에서 자세히 설명하지 않는데 가능성은 엄청 많아요. 일단 빛이 차단되어서 식물들이 광합성을 못 하는 상황을 생각해볼 수 있어요. 식물이 광합성 못 한다는 것은 곡식, 열매, 과일이 생산되지 않는다는 얘기고 그걸 먹고 사는 동물들도 이제 사라질 거라는 얘기죠. 여기에 인간도 예외일 순 없습니다.

빛이 없으면 식물이 광합성을 할 수 없어서 동물들이 먹을 게 없어지고 당연히 우리의 삶도 보장할 수 없겠지요. 식물은 엽록소를 통해서 태양의 빛에너지를 흡수하고, 그것을 양분으로 전환시켜서 생명을 이어갑니다. 생물시간에 배우지요? 광합성에는 명반응과 암반응이 있는데 빛에너지가 필요한 반응단계인 명반응이 있고, 명반응에서 생긴 산물을 이용해 이산화탄소를 환원시켜 포도당을 합성하는 그다음 단계인 암반응이 있어요. 빛이 없으면 이뤄질 수 없는 과정인데 이는 식물이 빛을 이용해서 살아가는 방식이에요.

그렇다면 동물은 빛을 어떻게 이용할까요? 아메바나 유글레나 같은 원생동물을 깜깜한 실내에서 불을 끈 상태에 두었다가 갑자기 불빛을 비추면 어두운 쪽으로 도망을 간대요. 이게 무슨 뜻일까요? 이들 단세포 동물에게 빛을 감지하는 뭔가가 있다는 얘기입니다. 특히 유글라나의 경우 몸 전체 중에서 특별히 빛에 민감한 아이 스팟(eye spot)이라 불리는 부분이 있어요. 그래서 그 부분에 초점을 잘 맞춰서 빛을 비추어 자극하면 빛을 따라 이동을 하거나 도망을 간다고 해요.

우리가 동물들의 눈을 보면서 강연을 열었는데, 식물과 동물의 차이는 눈이 있느냐, 없느냐의 차이예요. 움직이지 않는 식물에게는 눈이 필요 없어요. 그런데 동물은 다르죠. 동물이 움직이기 위해서는 자신의 위치와 자기가 움직이려는 방향에 대한 어떤 정보가 있어야 되잖아요. 그렇지요? 즉

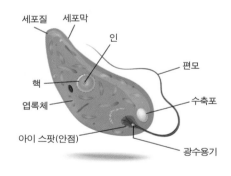

세포질　세포막

인

핵

엽록체

아이 스팟(안점)

편모

수축포

광수용기

광합성을 하는 식물성 원생동물 유글레나

움직이려면 볼 줄 알아야 하고, 보는 것은 빛을 이용할 수밖에 없어서 빛을 받아들이고 감지하는 기관이 동물에게 발달하기 시작했다고 학자들은 보고 있어요.

아메바는 빛이 자기에게 비추면 불리하다는 것을 아마 알 거예요. 아메바를 먹는 물고기 입장에서 꼬물거리고 움직이는 뭔가가 보이면 가서 낚아채 먹겠지요. 어두운 상태에서는 보이지 않아서 먹이 사냥이 힘들겠죠. 그런데 어둡다가 갑자기 빛이 확 들어오면 물고기는 아메바를 잘 잡아먹을 수 있지 않겠어요? 아메바 입장에서 생각해보면, 어두운 데에서는 괜찮은데 밝아지면 내 옆에 있는 아메바가 죽어요. 그래서 아메바는 갑자기 주변이 밝아지는 것을 위험으로 감지하고 도망을 가겠지요. 살아남은 아메바는 빛이 환해지는 것을 다른 아메바보다 빨리 감지하고 더 빨리 도망가는 아메바이겠고요. 고로, 아메바 중에서 살아남아 자손들을 더 많이 번식시키는 건 빛을 잘 감지해서 도망가는 것에 길들여진 개체예요. 이렇게 또 살아남은 아메바 중에서 빛을 더 잘 감지하는 놈이 살아남기 쉬울 테고요. 이런 식으로 눈이 점차 발달하게 되었어요.

우리가 멍게 또는 우렁쉥이라 부르는 생물이 있어요. 멍게의 몸에는 신경세포가 모여 있는 부위가 있다고 해요. 다른 생물로 치면 감각기관인 뇌, 눈에 해당하는 부분이지요. 멍게는 유생 시절에는 바다 속을 부유하며 돌아다니다가 성체가 되면 바위 같은 데 붙어서 생활을 해요. 재밌는 건 움직이는 유생시기에는 이 신경세포 부분이 발달하는데 바위에 고정되어 움직이지 않을 때는 이 부분이 점점 퇴화되거나 다른 신체 기관이 이 부분을 흡수해버린다는 거예요. 성체 멍게는 딱딱한 껍데기로 덮여 있어서 다른 물고기들이 먹기가 굉장히 힘들어요. 그런데 껍데기가 딱딱해지기 전 바다 속을 떠다니며 지내는 유생 시절에는 잡아먹히지 않기 위해서 주변을 경계하면서 다녀요. 움직임과 이 눈이라는 기관, 그리고 시각정보를 처리하는 뇌가 밀접한 관련이 있다는 거지요. 그래서 식물은 눈이 발전할 필요가 없었고 동물한테만 눈이 생기고 발전하기 시작했습니다.

단세포 생물인 유글레나나 아메바는 몸 전체에 빛을 감지하는 세포들이 퍼져 있어요. 이것의 단점은 빛이 어디에서 온 건지 방향을 파악하기 힘들다는 점입니다. 일단 몸에 빛이 감지되면 그냥 반응을 보이는 거죠. 그런데 동물이 점점 발전하기 시작하면서 적이 어디서 접근하는지, 그다음에 내가 어느 방향으로 가야 할지에 대한 방향성이 엄

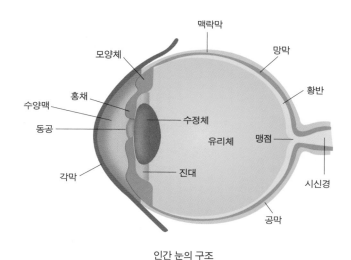

인간 눈의 구조

청 중요해져요. 빛을 감지하는 세포가 몸 전체에 퍼져 있을 때는 생물들이 헷갈려 해요. 빛이 워낙 여러 방향에서 들어오기 때문에 빛이 오는 방향을 감지하기가 힘들죠. 그래서 몸 전체보다는 한쪽으로 빛을 감지하는 세포를 모으게 돼요. 원생동물인 플라나리아도 빛 수용 세포를 몸 전체 중에서 한쪽으로 모으고, 그 부분만 컵처럼 움푹하게 만들었어요. 인간의 눈은 동공이라고 해서 안쪽으로 들어가 있는 형태를 띠죠? 그것처럼 눈의 진화과정을 보면 피부의 어느 부분이 시신경하고 연결되어 있다가 점점점 안으로 파고들어가요. 컵처럼 움푹해진 눈은 방향을 감지할 수 있게 해주었고, 그 안에서 모양을 맺는 망막, 굴절체인 수정체(렌즈), 각막 등이 생기게 되지요.

진화의 폭발 : 빛과 눈 • • •

눈의 발전은 지금으로부터 5억 4300만 년 전 캄브리아기에 가장 많이 이루어졌습니다. 공룡이 살았던 쥐라기는 지금으로부터 1억 5000만 년 전부터 6000만 년 전까지이니까 쥐라기 훨씬 이전의 이야기죠. 고생물학자들이 연구를 하다 보니 5억 4300만 년 전 캄브리아기에 갑작스럽게 수많은 종류의 생물이 출현하기 시작했다는 걸 알게 됐어요. 그 이전에는 없었던 삼엽충, 암모나이트 같은 바다생물의 화석이 이 시기의 지층에서 엄청나게 발견되었던 거죠. 지질학자, 고생물학자들은 이를 두고 '캄브리아기 대폭발', '진화의 빅뱅'이라고 부를 정도입니다. 진화론의 위대한 과학자, 찰스 다윈(1809~1882)도 캄브리아기 이전 시기의 화석에서는 생물의 흔적을 거의 찾아볼 수 없는데 갑자기

캄브리아기에 동물 화석이 증가하는 것을 보고 당혹감을 감추지 못했다고 해요. 도대체 왜 이때 수많은 바다생물들이 갑자기 나타나기 시작했는지, 아직 그 수수께끼는 풀리지 않았어요. 여기에 대한 여러 가설이 있는데 지금까지 가장 타당하다고 여겨지는 건 빛 이론이에요. 그때 지구를 덮고 있던 화산재가 지각작용에 의해 걷히면서 지구에 도달하는 빛의 양이 많아졌다고 해요. 당시에는 지구의 대기가 워낙 유독했기 때문에 지상에는 생물이 발생하지 못했고 생물의 기원과 발생은 바다 속에서 이루어졌는데 빛이 물속에 도달하는 양이 많아지면서 생물계에 변화가 생기기 시작했다고 합니다.

먼저 바다 속에 빛이 들어오면서 빛에 반응하는 세포들(광색소, photo-pigment)이 발달하기 시작합니다. 이어서 빛 감지 세포들이 조금씩 몸 한쪽으로 모여 눈으로 발달하기 시작하죠. 이런 세포가 있는 생물들은 먹이 찾기가 유리해지기 때문이지요. 그 전까지는 어둠 속에서 냄새나 파동, 감촉을 감지해서 먹이를 잡거나, 혹은 돌아다니다가 우연히 걸리는 먹이를 사냥했을 텐데, 움직이는 대상을 눈으로 포착하게 되면서 먹이 찾는 게 훨씬 쉬워지게 됩니다. 캄브리아기를 대표하는 삼엽충 중에는 700개의 렌즈로 이뤄진 겹눈을 가진 삼엽충도 있어요. 이렇게 빛을 받아들이는 감각기관인 눈이 바다생물에게 형성되기 시작했어요. 그런데 눈을 가진 생물이 생기면

삼엽충 에르베노킬레(*Erbenochile erbenii*)의 눈

서 먹이 발견도 쉬워졌지만 그만큼 포식자에게 먹히기도 쉬워졌습니다. 이것은 보호 피부인 껍질이나 갑각의 발달로 이어졌지요. 아메바처럼 흐물흐물하면 잡아먹히기 쉽기 때문이에요.[★]

눈은 스스로 정보를 걸러낸다 •••

생물들이 눈으로 보기 시작하면서 이것은 뇌의 발전으로 이어졌습니다. 눈이 없을 때는 깜깜한 환경에서 감촉과 냄새 등으로 주변을 감지했는데, 눈으로 보기 시작하면서 처리할 정보가 점점 많아졌죠. 그래서 눈과 함께 뇌가 발전하기 시작합니다. 처음에 눈은 단순한 신경세포였는데, 신경세포가 시신경과 연결되어 이제 뇌로 발전하기 시작한 겁니다.

해파리는 눈과 비슷한 기관은 있지만 뇌는 없는데요. 신경세포가 감지한 빛 정보를 곧바로 근육으로 전달하기 때문이랍니다. 어떤 시각정보를 발견했다 하면, 해파리는 그 정보를 뇌로 보내는 것이 아니라 바로 근육세포로 신호를 보내서 필요한 운동을 한다고 합니다. 예를 들어, '저쪽에서 빛이 온다, 반대쪽으로 움직여라'라는 신호를 바로 근육세포로 보내죠. 인간은 달라요. 몸에 있는 모든 감각, 자극들이 척추를 통해서 뇌로 전해진 다음에 그것을 다시 신호로 보내게 됩니다. 다양한 정보를 한군데로 모아서 중앙 처리한 다음에 반응을 나타내는 쪽으로 발전하는 기관이 '뇌'입니다.

★　앤드루 파커, 『눈의 탄생』, 오숙은 옮김, 뿌리와이파리, 2007.

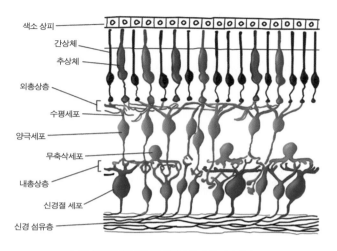

색소 상피

간상체

추상체

외총상층

수평세포

양극세포

무축삭세포

내총상층

신경절 세포

신경 섬유층

눈은 들어온 정보를 걸러내서 두뇌에 전달한다.

그런데 우리 인간의 뇌를 가장 바쁘게 하는 기관이 바로 눈이래요. 뇌로 들어가는 정보의 75퍼센트가 눈에서 오고, 뇌 용량의 3분의 1이 시각정보 처리와 저장에 쓰인다고 합니다. 뇌 과학자들이 오랫동안 연구해서 밝힌 건데, 중추기관과 연결된 신경섬유의 38퍼센트가 시신경이라고 하죠. 또 눈에 있는 망막세포가 1억 개 정도 되는데, 망막에서 뇌로 가는 통로는 500만 개라고 합니다. 이게 무슨 의미일까요? 들어오는 정보 중에서 정말 많은 부분을 눈이 스스로 걸러낸다는 겁니다. 1억 분의 500만이면 5퍼센트만 남기고 다 걸러낸다는 소리죠.

컴퓨터는 받아들인 데이터를 전부 다 계산해서 답 한 번 틀리지 않아요. 그런데 인간은 컴퓨터가 아니에요. 여러분은 지금 이 순간에도 많은 정보를 보고 있어요. 순간순간 우리 뇌 속으로 들어오는 시각정보들이 얼마나 많겠어요? 이 정보를 전부 다 저장하고 파악하려면 뇌가 과부하로 견디지 못하겠지요. 내가 한 시간 전에 지하철에서 내렸는데, 개찰구를 나올 때 주변에 휴지가 하나 떨어져 있었고 옆으로는 지팡이 짚은 할아버지가 한 분 지나갔고…… 내가 본 것들이 전부 다 내 머릿속에 기억된다면 얼마나 인생이 복잡해지겠어요? 괴롭지요. 그래서 눈도 스스로 정보를 걸러내고, 시각정보를 관리하는 뇌 속의 시지각에서도 정보를 마구마구 쳐내서 결국 필요한 것만 저장을 시키는 거지요.

눈은 무엇을 보는가? •••

앞서 아메바 같은 원시 생물에게 중요한 건 빛의 각도라고 얘기했어요. 빛이 어디서 오느냐가 중요하지, 사물의 형태는 그렇게 중요하지 않아요. 그래서 눈은 각도를 시작으로 그다음에는 사물의 꼴(모양새, 형태)이 어떤지, 색이 어떤지, 어떻게 배열(판, 열列, 구도)되어 있는지, 가까이 있는지 멀리 있는지(속, 거리와 깊이)를 봅니다. 눈이 파악하는 것들이 참 많죠.

시각이 받아들이는 정보의 순서도 있어요. 각도를 가장 먼저 보고, 그다음에는 평면 이미지(윤곽), 삼차원 입체, 움직임, 색, 표정의 순서로 시각과 두뇌가 반응을 한다고 해요. 표정까지 보는 건 영장류한테만 나타나는 반응이라고 하지요. 네발 달린 짐승들은 사실 표정이 거의 없어요. 그런데 고릴라, 침팬지는 표정이 있죠.

중요한 사실은, 눈이 이미지의 윤곽을 보고 기억을 한다는 점이에요.

우리가 알파벳이나 한글 자모를 보면 꺾어지는 부분이 있어요. ㄱ은 위에서 아래로 꺾어져 내려오고, ㄴ은 왼쪽에서 꺾어져서 오른쪽으로 가잖아요? 그 방향과 순서가 다 다르기 때문에 우리가 그 이미지를 다 다르다고 기억하는 거지, 선 자체를 기억하는 게 아니래요. 눈은 꺾어짐을 기억하는 것이라고 해요.

우리 눈이 보는 석고상의 형태도 윤곽들로 이루어져 있다고 합니다. 화가들이 그림 그릴 때랑 비슷하지요. 화가가 스케치할 때도 윤곽선을 먼저 그리고 난 다음, 그 안에 색을 칠해 넣잖아요. 마찬가지로 뇌도 그렇게 인식을 한대요. 우리가 보는 것은 이미지의 윤곽선이고 그 안에 어떤 색을 채워 넣고, 어떤 질감을 넣을지는 뇌가 정하는 일이라는 거죠. 눈으로 본 것을 100퍼센트 기억하는 게 아니라, 본 것 중에서 내가 기억하고 싶은 것 내지는 중요하다고 여기는 것들을 저장한다는 얘기입니다. 같은 장면을 보고도 사람들의 기억이 저마다 다른 게 이런 이유 때문이에요.

한마디로 뇌는 이미지의 틀 속에 내용을 확률분포 방식으로 채워 넣습니다. 이는 곧 여태까지 내가 한 경험, 시각체험들 위에 또 다른 시각체험이 채워진다는 얘긴데, 앞의 것들이 제대로 채워져 있지 않으면 그다음에 엉터리로 받아들일 소산이 커져요. 우리는 여기서 내가 가지고 있는 이전의 체험과 기억들이 앞으로 내가 기억하고 배울 것들에 얼마나 많은 영향을 미칠지를 짐작할 수 있습니다. 자, 지금까지 생물학적으로 우리 눈이 어떻게 시각정보를 받아들이고 그것을 해석하는지 이야기를 나눴어요. 이걸 이해하면 우리가 공부하거나 세상을 살아갈 때 많은 도움이 됩니다.

한 글자 우리말, '눈'으로 풀어본 앎과 삶 •••

이제는 방금 이야기한 것들을 언어학적으로 풀어보면서 이야기를 계속해보겠습니다. 눈은 한자로 目이라고 써요. 우리 뇌가 사물의 윤곽을 먼저 본다고 얘기했는데, 눈을 뜻하는 目도 눈의 윤곽을 본떠서 만든 글자예요. 눈의 윤곽을 그린 다음, 가운데 동공을 넣어 세로로 세운 게 눈 목이라는 한자예요. 한자도 가만히 보면 뇌가 사물을 인식하는 방식을 그대로 적용해서 만든 거지요?

눈 목(目)은 말 그대로 보는 기관으로서의 눈이에요. 그런데 우리가 사물이나 대상을 본 것만으로 끝나는 게 아니지요? 본 대상에 의미를 부여해요. 예를 들어 개를 한 마리 보면, 어떤 사람은 예전에 개한테 물린 경험이 떠올라 공포를 느끼고, 또 어떤 사람은 오랫동안 개를 키워온 경험에서 개에 대한 친근감을 느껴요. 물론 개를 보았을 때 내 머릿속에서 작용하는 것들을 한마디로 표현할 수는 없어요. '개에 대해 한번 얘기해보라'고 하면 우리는 5분 이상 얘기할 수도 있어요. 여러분이 개와 관련해 체험한 얘기가 될 수도 있고, 개에 대해 공부한 것이 될 수도 있겠죠. 이런 나의 의견, 시각을 한자로 견(見)이라고 해요. 견(見)자를 자세히 보면 눈 목(目) 자에 다리(儿, 어진사람인발)가 달려서 견(見)이 됐어요.

눈에 두 다리가 달렸다는 건 뭘까요? 말했다시피 우리가 어떤 이미지를 볼 때 그 이미지를 통해 연상되는 것은 사람마다 다 달라요. 그 사람이 체험한 것에 따라서 달라지겠죠. 이런 것들이 마음속에 어떤 생각을 형성하는데 그게 견이에요.

동물은 움직이는 생물입니다. 움직이면서 동물의 눈과 뇌가 발달했다고 얘기했는데, 움직인다는 것은 경험을 한다는 것이죠. 단지 보는 것에서 끝나는 게 아니라 내가 가지고 있던 체험과 앞으로 이걸 본 이후에 내가 하게 될 체험들의 집합체가 견이에요.

'네 견해가 뭐냐' 우리는 이런 질문을 합니다. 개고기를 먹는 것에 대한 당신의 견해는 뭡니까? 이렇게요. 여기에 찬성할 수도, 반대할 수도 있는데, 내가 보고 경험하고 안 것을 논리적으로 풀어내는 것을 '견해'라고 해요. 눈에 다리가 달려서 견이 됐다는 건, 많이 보고 다녀야 자신의 의견, 관점이 생긴다는 뜻이죠.

눈은, 옳고 그른 것, 아름답고 추한 것을 구분하는 능력을 의미하기도 해요. 저 사람 보는 눈이 있네. 그 사람 예술에 안목(眼目)이 있어. 이런 말 하지 않습니까. 그래서 눈이라는 말에는 단지 물리적으로 무엇을 본다는 것(目)과 그 본 것을 토대로 내 안에서 어떤 생각과 의견을 만들어내는 것(見), 나아가 이를 통해 어떤 구분(옳고 그름, 아름다움과 추함)을 하는 것(眼目)까지를 모두 포함하고 있습니다.

이번에는 한 글자 우리말을 실마리 삼아 '눈'에 대한 생각의 고리를 더듬어보지요. '빛'이 있어서 '눈'이 볼 수 있는 것이고, 눈으로 우리는 '꼴'(모양새)을 보고, 그다음에는 '깔'(色), '속'(깊이), '틀'(개념)의 순서로 본다고 얘기했습니다.

웬만큼 사물을 구분할 줄 아는 어린아이에게 치와와를 보여주면 바로 개라고 알아보는 반면, 보통 수준의 컴퓨터는 개와 고양이를 구분하지 못합니다. 개의 종류인 치와와와 스패니얼 사진을 주고 컴퓨터한테 구분하라고 하면 못 한대요. 물론 구분하는 방법이 있긴 있습니다. 이 세상에 있는 모든 개의 특징을 컴퓨터에 다 입력하면 그 데이터를 기본으로 해서 알아낼 수는 있습니다. 그러나 그 데이터베이스를 컴퓨터에 입력하기 전에는 치와와와 스패니얼 종을 구분하지 못해요. 서너 살짜리 어린아이가 하는 일을 컴퓨터가 하지 못하는 이유는 뭘까요? 바로 컴퓨터에게 틀을 인식하는 능력, 바로 패턴인식 능력이 없기 때문이에요. 그런데 인간에게는 그런 능력이 있어요. 진화의 놀라운 기적이죠. 5억 4천만 년 전에 발생한 눈이 오늘날의 우리에게 연결되어 있는 셈입니다. 그 과거 생명들의 역사가 쌓이고 쌓여 수많은 시행착오를 겪으면서 우리에게 패턴인식 능력이 전달되었어요. 그러니 만든 지 100년도 안 되는 컴퓨터가 우리의 눈과 절대 비교가 안 되는 거죠.

정리하자면 이런 식으로 우리는 어떤 하나의 개별자를 봤을 때 이를테면 개, 고양이, 나비, 잠자리라는 식의 일반적인 추상화를 할 수 있습니다. 이 같은 패턴인식 능력은 보는 것에서 나왔고요. 이런 능력은 우리가 보고, 그렇게 본 시각정보를 머릿속에서 계속 되풀이하면서 연결시키고 또 거기서 오류를 찾아서 고치는 과정을 통해 발전했습니다. 그래서 제대로 본다는 것이 중요하고 보는 것을 통해서 우리의 앎, 지식이 나왔다는 겁니다.

이제 '앎', '안다'라는 말을 살펴볼까요? 우리가 평소에 '안다'라는 뜻으로 어떤 표현을 쓰죠? '낯이 익다', '눈에 익다.' 어떤 대상을 본 적이 있을 때 이런 표현을 씁니다. 반대로 모르는 대상은 '낯설다', '눈에 설다'라고 하죠. "저 사람, 경제 분야에 아주 빤해.", "그 사람 지리에 훤해." '빤하다', '환하다', '훤하다'라는 말을 '잘 안다'는 의미로 쓰기도 합니다. 모두 빛과 관련 있는 말이에요. 국어사전을 찾아보면 '훤하다'는 말에는 '겪지 않아도 뻔히 보인다'는 뜻이, '빤하다'라는 말에는 '어두운 가운데 빛이 비치어 조금 환하다'는 뜻이 있거든요.

> **안다:** ~를 느껴서(감각해서) ~에 낯익다, 밝다.
> ~를 겪어서(경험해서) ~빤하다.
> ~를 익혀서(공부해서) ~훤하다, 환하다.
> ~를 갈고 닦아서(연마해서) ~를 꿰뚫다.

본다는 것은 빛이 비쳐서 드러난 어떤 형태가 내 눈에 들어오는 작용입니다. 우리 말을 살펴보면 이 본다는 것과 안다는 말이 아주 밀접하게 연관돼 있습니다. 우리가 행동거지가 느리고 생각이 빠르지 못한 사람에게 "쟤 좀 얼빵해(얼빤해)" 이런 말을 쓰는데, '얼'은 흠이란 뜻으로, 얼빤하다는 건 흠이 보인다는 얘기예요. '얼빤하다'라는 말에도 '빤하다'라는, '빛'과 '보다'와 연관된 단어가 스며 있습니다.

우리가 뭘 안다고 얘기했을 때, 그 밑에 으뜸으로 깔려 있는 기본적인 감각은 다 '보다'입니다. 우리 두뇌의 75퍼센트를 이 시각정보를 처리하는 데 쓰는 것처럼, 우리가 어떤 것을 냄새를 맡아봐서 아는 경우도 있지만 시각으로 인식하는 게 더 커요. 또 우리말에서 '보다'는 보조동사로 쓰이지요. '먹다'라는 말에 '보다'를 붙여 '먹어보다'라는 말을 써요. '듣다'라는 말을 보조동사로 쓰는 경우는 없어요. 여러분 중 누구도 '먹어듣다'라는 말을 들어본 적도, 써본 적도 없을 테지요. 그런데 '보다'라는 말은 모든 감각동사의 보조동사로 쓸 수 있습니다. 너 그거 먹어봤어? 들어봤어? 냄새 맡아봤어? 한번 만져볼래?

저도 이번 강좌를 준비하기 전에는 별로 의식하지 못했는데 '보다'라는 말이 우리말에서 엄청 많이 쓰이더라고요. '해보다', '두고 보다'라는 말도 있지요. 사이가 틀어진 사람에게 '너 잘사나 두고 보자' 이런 말을 쓰듯이 말이죠. 이때 '보다'에는 시도하다, 미래에 대한 어떤 기대, 결과를 기다린다는 뜻도 포함하고 있습니다. 즉 '봄'은 '앎', '생각'과 연결되는 것은 물론이고 '행동'을 유도하기도 합니다.

영어로 이론을 Theory라고 하잖아요. 이 Theory는 그리스어 테오리아(theoria, $\theta\varepsilon\omega\rho\iota\alpha$)에서 나온 말인데 테오리아는 '보다'라는 뜻이에요. 이론 하면 추상적이고 시각과는 거리가 먼 어떤 논리처럼 보이는데, 이론의 어원에서 '보다'라는 의미를 찾을 수 있다니 참 신기하죠? 결국 논리라는 것도 우리의 시각을 바탕으로 해서 나온 것이라는 얘깁니다. 오늘날 학문 중에서 시각정보를 처리하는 우리의 시각 작용이 어떻게 추상적인 수학의 원리나 논리들까지 연결되는지를 연구하는 분야가 있습니다. 이런 예들에서 보듯이 '눈'과 '보는' 것을 통해 우리의 모든 지식이 차곡차곡 발전해왔다는 것을 알 수 있어요.

스티브 잡스의 '점'과 '점' 이야기 :
삶이란 '점'을 찍고 나중에 서로 연결시키는 과정 •••

오늘 제가 많은 이야기를 들려드렸지만, 꼭 전하고 싶은 것을 하나 꼽자면 바로 '견(見)'이라는 말이에요. 견의 의미는 아까 나누었죠. 사물과 세상을 자신의 고유한 위치에서 다양하게, 깊이 있게, 뚜렷하게 본다. 자, 여러분이 각자 자기 자리에서 저를 카메라로 찍는다고 해보죠.

여러분이 찍은 사진은 다 비슷하겠죠? 아니에요, 똑같은 사진은 실제로 하나도 없어요. 왜냐하면 여러분이 지금 앉아 있는 곳에서 저를 바라본 각도가 다 다르기 때문이에요. 여러분의 위치가 다 다르기 때문이죠. 비단 사진뿐만이 아니에요.

우리의 삶은 전부 다 다를 수밖에 없어요. 부모가 다르고 자라온 환경도 고유한 성격도 다 달라요. 여러분을 있게 한 유전자도, 여러분이 체험하는 것들도 각자 다릅니다. 자, 여기서 '제대로 본다는 것은 뭘까' 한번 생각해보세요. 저는 이렇게 말하고 싶어요. 제대로 본다는 건 내가 처한 위치에서 다양한 것들을 보고 경험하고, 내가 본 것들을 마음속으로 다시 보고 되살려내면서 새로운 것과 연결시키는 과정이라고요.

이 과정을 멋지게 잘한 사람이 스티브 잡스(1955~2011)예요. 물론 자신의 아이를 가진 여자친구를 매몰차게 버리는 등 도덕적으로 문제가 있는 사람이긴 하지만 우리 강의의 주제인 시각적 관점에서 스티브 잡스는 논할 이야기가 참 많은 사람이에요.

스티브 잡스가 스탠퍼드 대학 졸업식에서 한 연설이 있어요. 아주 명연설이었죠. 인터넷에서 연설 원문을 찾아볼 수 있고, 번역된 자료도 볼 수 있습니다. 연설에서 그가 여러 이야기를 했지만 저는 그가 얼마나 힘들게 일했고 어떻게 성공을 거뒀는지에 대한 건 잘 들리지 않고, 딱 한 부분이 눈에 들어왔어요.

스티브 잡스는 입양가정에서 자랐는데 양부모가 경제적으로 여유가 없다는 걸 알게 된 후 대학을 자퇴했어요. 대신 자퇴한 대학에서 자기가 배우고 싶은 강의를 청강하며 보내는데 그가 들었던 과목이 캘리그래피(Caligraphy), 서체예술 수업이었어요. 우리가 폰트(font)라고 부르는 것 말이죠.

우리 문화에 서예가 있는 것처럼 서양의 중세시대에는 성경을 손으로 베껴 쓰는 것이 하나의 종교적 의미를 가진 신앙 활동이었습니다. 수도원에서 수도사들이 예배를 하듯이 성경을 필사하면서 성경의 내용을 다른 사람에게 전하였고, 이런 식으로 책이란 것이 만들어졌죠. 당시는 인쇄술이 낙후한 시기였으니까요. 이때 발달한 것이 바로 캘리그래피, '서체예술'이었습니다. 당시엔 어떻게 글씨를 더 아름답게, 조화와 균형을 이루면서 쓸 것인가 하는 고민이 많을 수밖에 없었죠. 당시 만들어진 책들을 보면 정말 아름다워요. 대영도서관(British Library) 웹사이트에 들어가 보면 이 당시 책들이 많이 소장되어 있습니다. 인터넷상으로 책 내부를 살펴볼 수 있는데, 보면 글자 하나하나가 예술이라 할 정도로 아름다워요.

스티브 잡스가 자퇴를 하고 나서 서체학, 바로 캘리그래피 수업을 몰래 들었는데, 그가 그 수업에서 배웠던 글자의 조화와 균형, 서체의 아름다움에 대한 내용이 훗날 그가 매킨토시 컴퓨터를 처음 만들 때, 다시 되살아나는 경험을 했다고 합니다.

그가 연설에서 한 말입니다.

"서체예술이 내 삶에 실질적인 도움이 되리라는 생각을 한 번도 해본 적이 없다. 그런데 10년 후 첫 번째 매킨토시 컴퓨터를 만들 때, 그때의 경험이 되살아났다."

"None of this had even a hope of any practical application in my life. But ten years later, when we were designing the first Macintosh computer, it all came back to me."

10년 전 스티브 잡스는 캘리그래피 수업이 그냥 재밌고, 서체예술이 아름답다고 생각하며 강의를 들었을 뿐, 이게 나중에 어떻게 쓰이게 될지는 짐작도 못 했다고 해요. 그땐 그냥 글자가 되게 예쁘네, 와, 저런 걸 어떻게 사람이 썼을까? 신기해하며 강의를 들었대요. 그러고 나서 10년 동안 딴짓을 하며 살았지요. 그런데 10년 후 매킨토시 컴퓨터를 만들 때 예전에 봤던 그 미적 아름다움의 체험이 다시 되살아난 것이죠.

그가 개발한 애플의 매킨토시 컴퓨터는 글자(폰트)가 아름답기로 유명해요. 윈도우즈하고는 비교가 안 돼요. 글자뿐만 아니라 컴퓨터 자체의 디자인과 미적 감각도 뛰어나죠. 아마도 스티브 잡스의 마음속에는 과거에 서체학 수업을 들으며 아름다운 것이라 각인시켜 놓은 것이 자리 잡고 있었을 거예요. 디자인의 조화와 균형 같은 것들이. 그때 그의 마음에 자리 잡은 아름다움의 틀이 훗날 매킨토시 컴퓨터, 아이폰 등 애플의 모든 제품의 디자인에 영향을 미치게 된 것이죠.

스티브 잡스는 자서전에 이때의 기억을 이렇게 회고합니다. "우리는 경쟁은 안중에도 없이 좀 더 예술적인 가치에 따라 움직였다. 목표는 탁월하게 훌륭해지고 기막히게 위대해지는 것이었다."

우리가 과거 어느 순간에 본 것들이 지금 당장은 아니지만 우리 마음속, 두뇌 속에 잠재되어 있다가 다른 것들과 연결이 팍 되는 순간이 있어요. 그걸 흔히 영감(inspiration)이라고 부르죠. 여러분도 책을 보다가 몰랐던 내용을 갑자기 이해하게 되는 경험을 한 적이 있을 거예요. 공부하다가, 혹은 뭘 보다가, 일을 하다가 갑자기 번뜩이는 뭔가를 깨닫는 순간이 있어요. 스티브 잡스는 그런 순간을 이렇게 설명합니다.

"당신은 앞을 내다보며 점을 연결할 수는 없다. 다만 나중에 과거를 회상하며 점을 연결할 수 있을 뿐이다. 그러므로 당신은 각각의 점이 미래에 어떻게든 연결될 거라고 믿어야 한다."

"You cannot connect the dots looking forward. You can only connect them looking backwards. So you have to trust that the dots will somehow connect in your future."

그의 말처럼, 삶이라고 하는 것은 점을 찍고 나중에 서로 연결시키는 과정이에요. 그런데 점을 찍을 때는 이 점이 어떻게 연결될지 몰라요. 이건 여러분처럼 감수성이 예민한 때에 보고 듣고 체험한 것들이 나중에 얼마나 놀라운 결과를 불러일으킬지 모른다는 이야기입니다. 특히 보는 것이 중요하겠죠? 말했다시피 우리의 두뇌는 75퍼센트를 보는 데 쓰니까요.

처음 생물에게 눈이 생기기 시작했을 때 이 생물들이 온갖 것들을 보고 얼마나 신기해했을까요? 또 얼마나 분주했을까요? 보이는 것이 많으니까요. 그 보이는 많은 것들 중에서 자기가 선택한 것들을 다시 생각하고 다시 보면서 또 이런 과정이 켜켜이 쌓이면서 오늘날 우리의 이 멋진 눈과 두뇌와 생명을 만들어놓은 것입니다. 그런 것처럼 여러

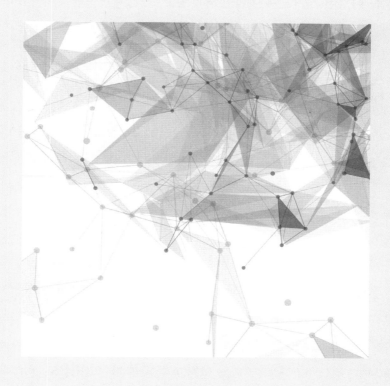

"스티브 잡스는 대학 자퇴 후 서체예술 수업을 청강합니다. 그 후 10년이 지나 매킨토시 컴퓨터를 만들 때 서체예술이 보여준 그 완벽한 균형과 조화, 아름다움의 체험이 되살아났다고 합니다. 이렇듯 우리가 과거 어느 순간에 본 것들이 우리 마음속, 머릿속에 잠재되어 있다가 훗날 다른 것들과 연결이 팍 되는 순간이 있어요. 그걸 영감(inspiration)이라고 부르죠."

분도 이 짧은 시기 안에서 많이 채워 넣고, 또 많이 버리면서 내가 좋아하는 것을 찾아보기 바랍니다. 앞으로 점과 점의 연결이 어떻게 일어날지는 두고 볼 일이죠!

지금까지 살펴봤듯이 시각작용은 무수한 선택의 과정입니다. 망막에서도 걸러내고 또 두뇌 기억 장치에서도 많은 것을 걸러냅니다. 그리고 본 것 중에서 강한 충격을 준 이미지나 체험들은 마음속에서 나도 모르게 무의식적으로 여러 번 반복되어 되살아납니다. 이런 과정을 거치며 접점을 생각하지 못한 다른 것들과 연결될 가능성이 생기게 되죠. 그게 팍 하고 연결되는 순간, 영감이나 새로운 발상이 떠오르는 것입니다.

서로 다른 삶과 끼 : 나만의 눈으로 세상을 보자 •••

여러분은 서로 다 다릅니다. 같은 사람은 없어요. 처한 위치(곳)가 다르고 보는 것(봄)이 다르고, 보는 것을 통해 알게 되는 것(앎)도 전부 다 다릅니다. 긴 이야기가 되었지만 사실 제가 전하려 하는 메시지는 간단합니다. "자기만의 견(見), 안(眼), 관(觀)을 가지고 세상을 보자"는 것이죠.

시각만 다른가요? 한 사람 한 사람 개인의 기질이 다 다릅니다. '끼'라고 보통 이야기하잖아요. 우리들 각자가 자기한테 있는 끼(材, 氣), 재능(talent)을 보고, 인정하고, 기회를 주었으면 좋겠지요. 내가 뭘 원하는지, 스스로에게 자문해보는 겁니다. 저는 제 끼를 잘 모르겠는데요? 이런 친구가 있나요? 쉬운 방법을 하나 알려줄게요.

도서관에 한번 가보세요. 국립도서관도 괜찮고 다양한 분야 책을 많이 소장하고 있는 큰 도서관이라면 더 좋겠지요. 도서관에 가면 온갖 분야의 책이 있는데, 서가를 쭉 돌아다녀보세요. 미술 분야가 될 수도 있고, 과학을 좀 좋아하는 분들은 과학 분야가 될 수도 있겠죠. 그리고 뭐든 하나 마음에 드는 책을 뽑으세요. 그냥 끌린다거나, 제목이 괜찮아 보인다거나, 디자인이 멋있는 책이라도 괜찮아요. 하나만 뽑지 않고 여러 권 뽑아서 책상에 앉아서 쭉 훑어보세요.

그러다 보면, 내가 뭘 좋아하는지, 뭘 재밌어하는지가 보일 거예요. 온갖 것들 중에 뭔가 하나 딱 걸리는 게 분명 있을 겁니다. 이걸 하루만 하는 게 아니라 며칠 동안 도서관에 가서 해보세요. 방학 때 하면 좋습니다!

저는 고등학생 때 유명한 사진작가, 앙리 카르티에 브레송의 사진을 보고 충격을 받았어요. 그 시절에 본 최민식 사진작가의 작품도 잊을 수 없어요. 최민식이라는 분은 우리나라 가난한 서민의 삶을 사진으로 많이 남겼는데, 십대의 저는 그 사진을 보면서 사진이 사람의 마음을 움직일 수 있다는 걸 많이 느꼈던 것 같아요. 그래서 제가 지금 카메라를 들고 다큐멘터리 만드는 일을 하는지도 모르겠어요. 그게 직접 연관이 돼 있다고 확신은 못 하겠지만 분명한 건 그 순간이 저에게 작든 크든 영향을 주었다는 거예요.

마찬가지로 여러분에게도 그런 영향을 주는 무언가가 분명 있어요. 도서관에서 가서 많은 시각자료들 중에 '이건 왠지 당겨!' '끌려!' 하는 것을 선택해서 그 부분을 좀 파고 들어가 보세요. 그걸 하다 보면 그쪽의 전문가가 될 수도 있고, 여러분만의 시각, 재능을 키워나가는 데 작은 '점' 하나 정도는 만들어낼 수 있을 겁니다.

　오른쪽 사진은 피카소의 조각 작품입니다. 뭐같이 생겼나요?

　청소년 : 소.

　사실 이게 자전거 의자와 핸들로 만든 조형물이에요. 곰브리치의 『서양미술사The Story of Art』라는 그 유명한 책에 맨 처음 등장하는 작품인데, 제가 대학에 들어갔을 때 도서관에서 『서양미술사』 책 원서를 쫙 펼치자마자(당시는 이 책이 우리말로 번역되지 않은 시절이었어요.) 첫 장에 이 사진이 나왔어요. 그때 이 작품을 한참 동안 응시했어요. 그 전까지 저는 한 번도 피카소를 훌륭한 화가라고 생각해본 적이 없었는데 이 작품 하나로 생각이 달라졌죠. 왜냐면 남들이 보면 그냥 아무것도 아닌 자전거 안장과 손잡이인데, 이 둘을 연결해서 작품을 만들었다는 게 그저 놀라웠거든요. 〈황소 머리〉, 그럴듯하잖아요? 자기만의 시각이 있는 거지요. 이런 시각은 그냥 나오는 게 아니라 많이 보고, 느끼고, 경험하면서 만들어집니다. 그런 것들이 내가 알지 못하는 사이에 연결되어 어느 날 빵 하고 터지는 날이 올 거예요.

　여러분 삶이 좀 더 즐겁고, 남들에게 도움을 주고 행복하려면, 내가 원하고 끌리는 것, 취향에 맞는 것을 많이 찾아서 보세요. 그게 영화가 됐든 그림이 됐든, 아이돌 노래가 됐든! 여러분 나이가 학교공부를 집중해서 할 수밖에 없는 처지이지만, 시간을 내서 여러분의 뇌가, 감성이 원하는 것을 맘껏 해보세요. 지금이 아니면 못 해요. 나중에 나이 먹

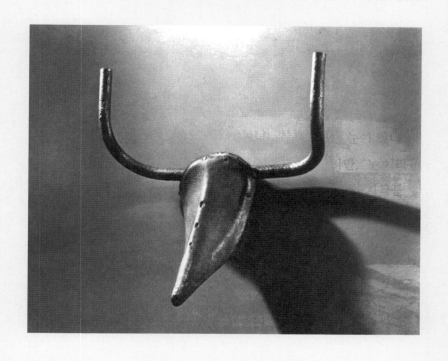

파블로 피카소, 〈황소 머리〉, 1881
"주변을 잘 관찰하고 자기만의 시각을 잘 살려내면, 고물상 어느 구석에 처박혀 있는 헌 자전거
부품으로도 위대한 작품을 만들어낼 수 있습니다. 피카소의 〈황소 머리〉처럼요. 여러분도 작은
똑딱이 카메라나 핸드폰으로 얼마든지 나만의 작품을 만들 수 있습니다."

으면 머리도 굳고 어디 돌아다니는 것도 힘듭니다. 감사합니다. 질문 있나요?

　청소년 : '많이 보고 느끼고 나만의 시각을 찾자'는 선생님의 말씀, 저도 많이 공감하거든요. 그런데 우리 사회에서는 아직까지 좋은 대학, '간판'을 따는 일이 먼저라 자신이 하고 싶은 일을 못 할 수도 있잖아요. 자기가 원하는 것을 밀고 나가는 깡다구가 있으면 직진하면 될 일이지만, 그런 배짱이 없는 사람도 분명 있을 테고요. 대부분의 학생들은 두려움을 가지고 있어요. 그리고 환경적인 제약도 있죠. 내가 하고 싶어도 주변 환경이 뒷받침해주지 않으면 못 할 수도 있으니까요.

　손현철 : 우리 사회가 청소년들의 재능을 '낭비하고' 있다는 생각이 많이 듭니다. 공부는 못하더라도 다른 뭔가에 재능이 있는 친구들에게 길을 터주고 있지 않죠. 안타까운 일이고 미안한 일이기도 합니다. 이건 분명히 어른들 책임이에요. 여러분이 꿈을 펼칠 수 있는 사회적 여건을 어른들이 만들어놓지 못한 거죠. 당장 제도 교육을 떠날 수는 없지만, 이렇게 청소년·어른이 같이 모여서 고민하고 이야기 나누는 것부터가 중요하다고 생각해요. 당장은 바뀌는 일이 없더라도 연대하는 것, 비슷한 고민을 하는 사람들이 모여서 작은 뭔가를 해나가는 것부터가 시작이라고 생각해요. 내일 정권이 바뀐다고 해서 이런 사회문제가 하루아침에 해결되겠어요? 그렇지는 않겠지만, '희망'을 갖고 사람들이 머리를 맞대고 고민하는 것은 멈추지 않아야 한다고 봐요.

　청소년 : 방송사 PD로 계시잖아요. 저도 다큐멘터리를 찍으면 이곳

저곳 다양한 곳을 가볼 수 있어서 해보고 싶다는 생각을 해봤는데요. 이런 가벼운 생각으로 접근하면 안 될 것 같기도 한데, 진지하게 직업으로서 PD를 고민하려면 어떤 생각을 가지고 있어야 하고, 어떤 자질이 필요한지 궁금합니다.

손현철 : 아직까지 다큐멘터리를 만들어서 방송에 낼 수 있는 것이 모두에게 열려 있는 것은 아니죠. 제한적인 부분이 있습니다. 방송사 시험을 봐서 입사한 후 다큐멘터리를 제작하는 경우가 많은데, 그렇지 않고 작은 다큐멘터리 프로덕션에서 먼저 시작해서 길을 찾는 방법도 있습니다.

지금 유럽이나 미국에서는 굳이 ABC나 NBC, 내셔널 지오그래픽 같은 거대 방송제작사에 들어가지 않더라도 다큐멘터리를 내보낼 수 있는 다른 통로가 점점 많아지고 있습니다. 자기 주변의 이야기를 오랫동안 관찰하고 촬영·편집해서 독립 다큐멘터리로 낼 수도 있고 유튜브나 비메오(Vimeo) 같은 대안 매체를 통해서 실력을 인정받고 방송사나 프로덕션에 스카우트되기도 하는 등 다른 길이 열리고 있는 추세예요. 다큐멘터리 콘텐츠를 만드는 사람에게 자금을 후원하는 사람들도 일부 있고요. 우리나라도 점점 이런 가능성이 생기고 있습니다.

사실, 사진 몇 장만 가지고도 작품을 만들 수 있습니다. 주변을 잘 관찰하고 자기만의 시각을 잘 살려내면, 고물상 어느 구석에 처박혀 있는 헌 자전거 부품으로도 위대한 작품을 만들어낼 수 있어요. 피카소의 〈황소 머리〉 작품처럼요. 여러분이 가지고 있는 작은 똑딱이 카메라나 핸드폰만 가지고도 얼마든지 작품을 만들 수 있습니다. 내가 어떻게 생각하느냐에 따라 달라지는 거지요.

중심에서 비켜서
본 세상 풍경

홍순명

화가. 설치미술가. 부산대학교 사범대학 미술교육학과와 파리 국립고등미술학교를 졸업했다. 파리에서 14년을 보낸 후, 1999년에 귀국하여 갤러리 쌈지, 갤러리 현대, 세오갤러리 등에서 다수의 개인전을 했다. 광주비엔날레, 부산비엔날레, 산타페비엔날레 등의 단체전에 참가했다. 2004년부터 아무도 주목하지 않은 나머지 풍경을 담은 〈사이드스케이프〉전을 선보이고 있다. 최근에는 여수 아쿠아리움의 흰 고래를 담은 조각 그림 〈아쿠아리움-1402〉, 사고 현장에서 수집한 물건으로 만든 〈메모리스케이프〉, 〈사소한 기념비〉 등을 제작하고 있다.

하제 창작마을에 오신 걸 환영해요. 이곳이 제 작업실입니다. 생각했던 것과 다른가요? 요새는 이런 작업실에서만 그림을 그리라는 법은 없어요. 요즘 제가 핸드폰으로 스케치하는 데 재미를 붙였어요. 길을 가다가 좋은 경치나 장면을 보면, 바로바로 사진을 찍고 그 자리에서 메모를 해요. 핸드폰용 펜을 꺼내서 그림도 그립니다. 세상 참 좋아요. 캔버스가 따로 필요 없어요.

진짜 같은 그림 속 가짜 세상! •••
오늘 만남을 기념해서 제가 여러분 중 한 분을 그려볼게요. 제일 앞에 있는 세희라는 친구를 그려보겠습니다. 무슨 일이 벌어졌나요? 제가 지금 세희를 그린다고 하니까, 세희가 쑥스러워하면서 살포시 웃다가,

다시 웃음을 참고 가만히 있어줬어요.

　누군가가 자기를 그려준다고 하면 우리는 말하지 않아도 나를 그려 주는 상대를 위해 가만히 있어줍니다. 그렇죠? 사람들이 자기 모습을 그려준다고 하면 왜 안 움직일까요? 이런 약속은 언제부터 생겼을까 요?

　청소년 ： 정물화가 생긴 때부터요.

　정물화를 불어로 nature morte라고 하는데 '죽은 자연'이라는 뜻이에요. 우리같이 움직이는 생물체가 아니라, 과일이나 꽃 등 정지한 대상을 그리는 장르를 정물화라고 하죠. 정물, 즉 情物이라는 한자말에도 똑같이 움직이지 않는다는 뜻이 포함되어 있어요. 그런데 우리는 스스로 움직이는 동물인데 화가가 자기를 그려준다고 하면, 그림을 다 그릴 때까지 꼼짝 안 하고 같은 자세를 취해줍니다. 이런 약속이 생긴 것은 얼마 되지 않습니다. 바로 원근법이 생겨난 500년 전부터예요.

　그림을 그린다는 것은 사실 눈속임이에요. 세희는 입체의 모습으로 존재해요. 삼차원이에요. 그런데 그림은 종이 위나 캔버스 같은 평면에다 그려요. 평면은 이차원이에요. 삼차원을 어떻게 이차원에다 집어넣을 수 있어요? 처음부터 불가능한 일인데, 그것이 가능하도록 노력하는 과정이 미술의 오랜 목표였어요. 어떻게 입체를 평면에 집어넣을까? 어떻게 저 대상을 진짜처럼 보이게 할까? 초기 인류가 동굴에 그림을 그리기 시작한 1만~2만 년 전부터, 미술의 역사는 이렇게 진짜처럼 보이게 하는 시도로서 오랜 시간 존재했습니다. 꽤 오랫동안 이런 경향이 계속되어 오다가 피카소(1881~1973)의 등장으로 없어졌다고 볼 수 있어요. 피카소는 어떤 대상을 똑같이 그릴 생각을 전혀 안 했어요. 피카소의 위대함이 여기에 있어요.

어찌 됐든 인류가 그림을 그리기 시작한 이래 입체를 평면에 담으려는 시도는 오래도록 지속되었고, 그 과정에서 그림을 그리는 여러 가지 법칙들이 생겨났습니다. 우선, 고대 이집트인들은 포기할 건 과감하게 포기하는 스타일이었어요. 사람을 그릴 때 코를 정면에서 그리면 코가 뾰족하게 튀어나온 걸 그림상으로 알 수가 없어요. 그래서 고대 이집트인들은 코를 정면이 아니라 옆에서 본 모습으로 그렸습니다. 그런데 눈은 또 정면에서 보는 모습을 그려요. 그래야 눈의 가늘고 길쭉한 형태를 보여줄 수 있으니까요. 눈을 옆모습으로 그리면, 그 특징을 담을 수 없다고 생각했어요.

신체 각 부위, 각각의 특징을 가장 잘 나타낼 수 있는 형태로 그리다 보니, 한 그림에서 어떤 부위는 측면 모습을, 어떤 부위는 정면 모습을 그린 거죠. 이런 규칙에 따라, 귀는 옆에서 본 모습을 그리고, 어깨와 두 팔은 정면에서 본 모습으로 그렸습니다. 발과 발가락은 옆모습을 그렸고요. 결국 이집트인들의 그림은 한 그림 안에 여러 시점이 중첩돼요. 이게 이집트인들이 그림을 그리는 방식이자 규칙이었습니다.

그림을 그리는 규칙 가운데 아주 막강한 게 하나 있죠. 바로 원근법입니다. 1425년에 이탈리아 건축가 브루넬레스키(Filippo Brunelleschi)가 발명했다고 하는데, 다빈치가 〈최후의 만찬〉(1495~1497) 같은 작품을 원근법을 이용해 그렸습니다.

원근법은 입체를 평면 안에 집어넣는 마술입니다. 선 몇 개만 그려

이집트 제18왕조 호렘헤브(기원전 1319년~기원전 1292년)의 무덤 벽화

"그림을 그린다는 것은 사실 눈속임이에요. 생각해보면 삼차원의 세상을 종이 위나 캔버스 같은 이차원의 평면에 그린다는 것 자체가 불가능한 일입니다. 그런데 인류가 예술을 시작한 이래 입체를 평면에 담으려는 시도는 오래도록 지속되었습니다."

도 금방 수백 미터의 원근감이 느껴져요. 사선 두 개를 한 점에 교차하게 긋고, 쭉쭉 솟은 빌딩을 사선에 따라 그려주면 평면 안에 원근감과 입체감이 살아납니다.

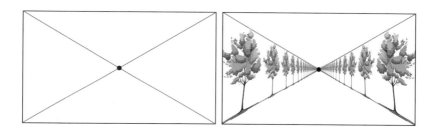

원근법은 이집트 벽화와는 다르게 한 시점에서 본 세상을 그리는 기법인데요, 제가 흰 종이에 사선 두 개를 한 점에 교차하게 그으면, 사람들은 이게 강인가? 길인가? 하고 추측을 해요. 전혀 세부 묘사를 하지 않고, 두 개 선만 그렸는데도 사람들은 거기에서 강이나 길을 떠올립니다. 이게 원근법의 위력이에요. 원근법은 그만큼 우리 머릿속에 완전히 베어 들어와 있습니다. 그래서 제가 세희를 그린다고 할 때, 세희는 부탁하지 않았는데도 움직이지 않고 가만히 있어준 겁니다. 왜? 시점이 한 곳에 고정되어 있는 원근법에 의해서 자기가 그려진다는 걸 알기 때문에 무의식적으로 움직이지 않았던 거죠.

이렇게 그림은 법칙에 의해서 그려집니다. 하나의 법칙에 의해서, 혹은 여러 가지 법칙에 의해서 그려지고, 그 법칙은 시대에 따라, 장소에 따라 변합니다.

보이는 대로 똑같이 그리는 게 전부일까? ● ● ●

서양 사람들이 르네상스기에 원근법에 따라 그림을 그릴 때 우리나라는 어땠을까요? 동양에서는 어떤 그림을 그렸을까요? 동양화 기법 중에 '삼원법'이란 게 있습니다. 삼원법으로 그린 작품 하면 가장 유명한 게 안견의 〈몽유도원도〉(1447)입니다. 삼원법은 평원법, 고원법, 심원법을 아울러 부르는 말인데요, 수평으로 멀리 바라보고(평원법), 아래에서 위를 올려다보고(고원법), 깊은 공간을 바라보는(심원법) 등 다양한 시점에서 대상을 그리라는 이론입니다.

산에 올라 흐르는 물이며, 나무, 골짜기, 능선 따위를 본다면, 요즘같으면 순간순간 사진을 찍을 겁니다. 하지만 사진기가 없었던 옛날에는 그것들 하나하나 눈에 담고 머릿속에 담아서 집에 가서 그 기억들을 꺼내 그림으로 그렸습니다.

저는 삼원법이 아주 위대한 사상이라고 생각합니다. 삼원법은 원근법과 아주 다른 특징이 있어요. 원근법은 모든 대상을 밖에다 둡니다. 그 대상을 보는 내가 세상의 중심입니다. 내가 여러분을 원근법에 따라 그린다면, 여러분은 제가 그림을 다 그릴 때까지 꼼짝 않고 가만히 있어야 합니다. 내가 중심이 되어서 대상을, 세상을 바라보는 원근법은 조금 시건방진 기법이라 할 수 있죠.

반면, 삼원법은 내가 대상 안으로 들어가서 그것과 일체가 되는 경험을 하게 합니다. 자연 속으로 들어가서 이것저것 다 훑어보고 구경하고 난 다음, 자연에서 나와서 그 기억을 가지고 그림을 그립니다. 그러니까 대상과 내가 직접 만나서 하나가 되는 게 삼원법이고, 멀리 떨어져서 대상을 바라보는 게 원근법이라는 거죠. 그림 그리는 방법, 기

안견, 〈몽유도원도〉, 1447

"저는 동양화 기법의 하나인 '삼원법'을 아주 위대한 사상이라고 생각합니다. 원근법이 내가 중심이 되어서 대상을 바라보게 한다면, 삼원법은 내가 대상 안으로 들어가서 그것과 일체가 되는 경험을 하게 합니다. 자연 속으로 들어가서 이것저것 다 훑어보고 구경하고 난 다음, 자연에서 나와서 그 기억을 가지고 그리는 것이죠. 안견의 〈몽유도원도〉는 삼원법의 대표적인 작품입니다."

술로서는 원근법만 한 게 없지만, 저는 원근법의 정신을 별로 좋아하지 않습니다. 모든 것을 대상으로 두고, 자기가 중심이 되는 방식이 탐탁치가 않아요.

우리 옛그림에는 크게 세 가지 종류가 있습니다. 하나는 〈몽유도원도〉 같은 산수화나, 매화·난초·국화·대나무를 그린 사군자 등을 선비들이 주로 그렸다고 해서 선비화라고 통칭해서 부릅니다. 그다음 색깔이 알록달록하고 대개 그린 이가 누구인지 알 수 없는, 서민이 그린 민화가 또 있습니다. 나머지 하나가 탱화라고 부르는 종교화입니다.

이 중 선비화는 다른 그림과 다르게 색깔이 없다는 게 특징입니다. 녹색의 난초도, 핑크빛의 매화도 전부 검게 그려요. 대나무도 까맣게 그리고, 산도 마찬가지예요. 산은 계절마다 다른 색깔 옷으로 갈아입는데 검은색으로 그려요. 왜 색깔을 안 썼을까요?

저는 지금 국방색 바지 차림에, 핑크색 손수건을 지니고 있습니다. 국방색의 바지나 핑크색의 손수건만으로 나 홍순명을 제대로 보여줄 수 있나요? 이 옷이, 이 핑크빛 손수건이 나 자신은 아니에요. 어떤 대상의 겉모습, 혹은 사물의 껍데기나 표피에 치중하다 보면 그 대상 자체를 오롯이 보지 못할 수 있어요.

소위 선비화를 정신을 그린 그림이라고들 합니다. 어떤 대상이 지닌 정신을 그리려고 하다 보니, 그것을 방해할 수 있는 껍데기는 가능하면 방해하지 않는 요소로 바꿔서 그리게 되었습니다. 그러다 보니 선비들은 색을 절제하여 흑백만으로 그림을 그렸습니다.

이렇게 그림을 그린다는 것은 눈으로 보는 것과 계속 줄다리기를 하는 작업입니다. 눈으로 보기에 빨간색인데 빨간색으로 그리지 않을 수 있습니다. 실제로는 길쭉한데 짧게 그릴 수도 있고요. 꾸불꾸불하게 보이는데 그걸 삐딱하게 그냥 선만 그어 나타낼 수도 있습니다. 알고 보면 그린 사람이 그렇게 한 이유가 다 있어요. 지금까지 말한 것처럼, 인체를 제대로 표현하기 위해서, 혹은 깊이를 넣기 위해서, 정신을 그리기 위해서…… 이런 식으로 다 이유가 있죠.

사실 그림을 그린다는 것은 일종의 타협입니다. 미술이 시작된 최초의 순간부터, 미술은 타협으로 시작했어요. 입체의 사물이나 대상이 평면에 들어온 것 자체가 말이 안 되는 거였으니까요. 유사(有史) 이래 그림을 그리는 사람들은 눈에 보이는 것과 늘 타협을 해왔습니다. 그래서 미술을 이렇게 설명할 수도 있어요. 미술은 눈에 보이는 것과 자기가 표현하고 싶은 것 사이의 갈등이라고 말입니다.

미술에서 대상을 보이는 대로 똑같이 그리는 게 전부는 아닙니다. 대상을 감쪽같이 똑같이 그리기만 하면 매력이 없어요. 미술은 눈에 보이는 것만 그리는 게 아니에요. 눈으로 본 것과 마음으로, 가슴으로, 정신으로, 자기 이론으로 본 것을 다양한 방식으로 표현하는 것이 미술이에요.

달리기를 하던 소년, 미술의 세계에 눈 뜨다 •••

제가 살아온 이야기를 잠깐 해볼게요. 저는 고등학교 다닐 때 처음 그림을 시작했습니다. 중학교 때까지만 해도 운동선수로 잘 나갔어요. 지금 제 체격을 보면 안 믿어지겠지만 초등학교 5학년 때 전교에서 키가 제일 컸어요. 초등학생 때 또래보다 커서 축구와 육상을 시작했고, 육상은 전문적으로 했습니다. 전국 체전에 나가서 200미터 달리기 부산 기록을 세우기도 했고, KBS 육상대회 400계주 단체전에 나가서 금메달을 따기도 했어요. 그렇게 운동선수로 중학교 시절 내내 보냈는데, 중학교 3학년 때 보니까 운동하는 다른 친구에 비해 제 키가 엄청 작은 거예요. 초등학교 5학년 때보다 딱 1센티미터 더 자란 게 지금의 제 키입니다.

그렇게 운동선수를 그만두고 일반 고등학교에 들어갔습니다. 문제는 수업시간에 앉아 있는 게 너무 힘들단 거였어요. 중학교 들어가서 운동을 본격적으로 하면서 1년 넘게 수업이란 걸 받아본 적 없어서 수업시간에 도저히 버티지를 못하겠더라고요. 만날 잠을 잤습니다. 그런데 한 달쯤 지나니까 자는 것도 지겨워서 더 이상은 못 하겠더라고요. (청중 웃음) 뭐라도 해서 수업을 빼먹어야겠다, 결심하고 머리를 굴렸습니다. 학교 안을 둘러보기 시작했어요. 그렇게 해서 들어간 게 미술부입니다. 수업 빼먹으려는 이유가 컸지만, 아무렴요, 미술을 좋아하긴 했어요. (웃음) 중학교 때도 그림 잘 그린다는 소리는 좀 들었으니까요.

보통 미술 한다고 하면, 석고 데생 같은 선 그리기부터 하잖아요. 그런데 미술부에 들어가자마자 칼 들고 고무판을 파래요. 우리 학교 미술부 선생님이 판화가였거든요. 부산시 고등학교 미술 실기대회를 나가면 우리 학교 학생들이 상을 휩쓸었어요. 실력이 좋았다기보다는 다른 학교에서는 아무도 판화를 안 하니까 우리끼리 판화 하고 우리끼리 상을 다 차지한 거였죠.

저는 공부는 지독하게 안 했지만 나름 학구적인 데가 있어서 일본

잡지 《미술수첩》을 고등학교 때부터 정기구독을 해서 봤어요. 1970년 대 당시만 해도 우리나라에 미술 잡지가 얼마 없던 시절이었어요. 《계간미술》이 나오긴 했지만, 1년에 네 번 나오는 계간지인 데다, 작은 책 한 권에 건축, 서예, 사진 등, 다양한 미술 분야를 다 다뤘어요. 현대미술을 다룬 기사는 얼마 되지 않아서 늘 충족이 안 됐어요.

그래서 고등학생 때 일본에 직접 주문을 해서 《미술수첩》을 보기 시작했어요. 한 달에 한 번씩 《미술수첩》을 뒤져보는 재미가 엄청났습니다. 저는 일본어를 몰랐지만 일제시대를 살았던 우리 부모님은 두 분다 일본어를 잘하세요. 잡지를 보다가 궁금한 게 있으면 어머니한테 가서 무슨 말인지 알려달라고 하고, 그렇게 미술을 조금씩 배워나갔어요. 거기에서 실크스크린이라는 판화기법이 있다는 것도 처음 알았죠. 지금은 '실크스크린'이 전혀 생소하지 않지만, 당시엔 그렇지 않았어요. 실크스크린을 배우고 싶은데 아는 정보가 없었어요.

그러다가 대학교에 입학해서 부산 국제시장을 갔다가 우연히 실크스크린을 눈으로 보게 됐어요. 어느 수건 파는 집 앞을 지나가는데, 아저씨 한 분이 실크스크린을 직접 하고 계신 거예요. 보자마자 이걸 배워서 나중에 판화 할 때 써먹어야지 싶어서 거기에 아르바이트생으로 들어갔어요. 실크스크린은 수건에 "○○ 동창회 기념"이나 티셔츠에 글자나 이미지를 인쇄할 때 쓰는 기법인데, 예상 외로 아주 간단해서 30분 만에 하는 방법을 다 배웠어요. 3일 정도 다니다가 거기는 그만두고, 이번에는 실크스크린 재료 파는 곳을 알아내서 직접 재료를 사서 집에서 실크스크린 작업을 하기 시작했어요. 그렇게 해서 대학교 2학년 때부터 실크스크린으로 판화 작업을 했습니다. 그리고 그 해 부산 미전에 출품해서 판화부문에서 특선을 받았습니다. 실크스크린 하는 사람이 나밖에 없어서 심사위원들이 신기한 놈이네, 해서 준 상이었어요. 고등학교 때도 그렇고 잘해서 받은 게 아니라, 운이 좋게도 희소성 때문에 상을 받았던 거죠. 급기야는 대학교 4학년 때는 부산 미전에서 금상을 받았어요. 이러다 보니 내가 진짜 훌륭한 작가구나 하는 착각을 하면서 미술계에 입문했습니다.

그러다 1985년에 파리로 유학을 갔고 거기서도 석판화를 전공했어요. 파리에 가서 알았어요. 내가 점점 기술자가 되어가고 있다는 걸. 판화를 해도 판화로 예술을 해야 할 일이지, 판화 하는 기술자가 될 일은 아니잖아요. 이 둘은 엄연히 달라요. 유화를 그려도 그걸로 예술을 해야 하고, 사진을 찍어도 그걸로 예술을 해야지, 유화 그리는 기술자, 사진 찍는 기술자가 되려고 우리가 예술을 하는 건 아니에요. 그런데 판화세계가 기술자를 양성하는 세계로 바뀌고 있더라고요. 제가 기술자가 되어가고 있더라고요. 이런 생각이 미치자 판화를 싹 그만둬버렸어요. 그 후로는 설치미술과 그림작업을 하고 있습니다.

수도승의 마음으로 • • •

그림을 보여드리면서 이야기를 계속해보죠. 사실 제 작품에 대한 발표를 해본 적은 많지만 대학시절부터의 그림을 보여주는 건 이번이 난생 처음인 것 같아요. 남아 있는 그림이 몇 점 없기도 하고요. 제가 젊었을 때는 다들 너무 가난해서 화가들이 자기 작품을 사진으로 한 장 남겨놓는 것도 어려웠어요. 저는 대학 졸업 후 파리로 유학을 갔는데, 유학

했던 14년 동안 한 번도 한국에 와보지 못했어요. 편도 비행기를 끊어서 13년 반 만에 한국에 들어왔더니 그 긴 시간 창고에 처박아놨던 작품 중에 성한 것이 몇 점 없었어요. 남은 자료가 얼마 없는 데다 상태도 그리 안 좋지만, 그동안 어떤 작품을 그려왔는지, 내가 어떻게 살아왔는지 작품으로 여러분에게 말을 걸어보겠습니다.

대학에서 봉황이 등장하는 민화를 그린 적이 있어요. 피카소가 그린 고양이 그림이 우리나라에 들어와서 봉황을 뜯어먹는 것처럼 표현했죠. 대학 시절, 서구 문물이 과도하게 우리나라 문화를 짓밟고 있다는 생각에 이런 그림을 그렸어요. 다른 작품에서는 우리나라 선비화를 유화로 그린 다음에, 빨간색과 파란색으로 먹혀 들어가는 장면을 묘사하기도 했습니다. 저는 우리나라의 산수가 남북문제 때문에 황폐화되고 있고, 한편에서는 우리나라 문화가 다른 문물에 잠식당하고 있다는 메시지로 이런 연작을 그렸고, 대학 졸업작품으로 제출했어요. 그런데 이 작품이 통과가 안 돼서 졸업작품전을 치르지 못했어요. 불손한 사상이라는 것이 그 이유였어요. 졸업장도 졸업식이 있고 나서 얼마 후인 3월에야 겨우 받았어요. 신기한 일이죠. 그런 시절이 있었습니다.

파리에 가서는 굉장히 좋은 평가를 받았어요. 하지만 하루하루가 불안했어요. 남들한테 뒤처질까봐, 나만 낙오되는 게 아닐까 하는 불안과 고민의 나날이 길었어요. 파리에서 저는 도 닦듯이 고통의 시간을 갖고 싶었어요. 손과 몸을 써서 노동을 하고 싶었어요. 그렇게 해서 만든 것이 5년에 걸쳐 작업한, 〈우리는 모두 홀로이다〉라는 작품입니다. 캔버스는 1,200개의 원형으로 된 지름 33센티미터짜리 나무 합판입니

홍순명, 〈우리는 모두 홀로이다〉, 1997

다. 얼핏 보기에 LP판 같기도 하지만 두꺼운 나무 합판을 가져다가 하나하나 일일이 둥그렇게 자르고 캔버스 천을 씌운 거예요. 전기 톱날이 다 닳아서 합판이 더 이상 잘리지 않을 때까지, 하루 8~9시간을 절단기를 가지고 작업을 했습니다. 종일 전기제품을 손에 붙들고 작업을 하다 보니, 하루 작업을 다 마치고 집에 가도 손이 덜덜덜 떨리고 찌릿찌릿 전기가 왔습니다. 어떤 날은 다음 날에도 그 찌릿함이 계속됐지만 또 작업대에 섰습니다. 합판을 다 자르기까지, 전기 톱날이 서른 개가 없어졌고 20일이라는 시간이 지나 있었어요.

그런데 합판 자르는 일은 알고 보니 제일 간단한 작업이었어요. 그다음에는 천여 개의 합판을 천으로 감싼 다음, 하나하나 까맣게 칠하고 얼굴을 그리는 작업을 했는데 그야말로 인고의 시간이 필요했죠. 사람 얼굴은 한국 신문에 실린 인물 사진에서 뽑아다 썼습니다. 국회의원 선거가 있을 때는 그렇게 좋을 수가 없었어요. 얼굴 사진이 많이 등장해서요. 그런 식으로 인물 사진을 구해서 머리카락이 없는 형태로 자르고 머리 부분은 살색으로 칠을 했습니다. 이 작업을 하면서 나는 늘 수도승의 마음으로 한다고 생각했기 때문에 사람 얼굴을 전부 수도승으로 만들었던 거예요.

사실 합판에 얼굴을 그리는 작업은 파리에서 한국 신문을 구하는 일부터가 쉽지 않았어요. 저는 프랑스에 나와 있는 한국 신문 기자들, 통신원들을 일주일에 한 번씩 찾아가서 차에 가득 한국 신문을 싣고 와서, 신문을 펼쳐놓고 한 장 한 장 넘겨가며 사진이 있는지 살펴봤습니다. 인물 사진이라고 다 되는 게 아니었고, 둥근 합판에 적합한 크기의 사진이라야 했습니다.

생각보다 이 작업은 오랜 시간이 걸렸어요. 파리에서 지내면서 한 번도 한국에 간 적이 없다 보니 한국 소식이 궁금하지 않겠어요? 그래서 인물 사진 찾는다고 신문을 뒤지다가도 어느새 내가 신문 기사를 읽고 있는 거예요. 그러다 보면 하루가 휘리릭 지나갔습니다. 어떤 날은 신문연재 소설에 눈이 가서 그다음 날 같은 연재물을 찾아서 읽고……. 그러다 보니 이 작업을 하는 데 5년의 시간이 걸렸어요. 그래도 1,200개 작업을 다 마무리하는 날이 오기는 했고, 파리에서 전시를 하게 됐어요. 한국에도 이 작품이 알려져서 부산시립미술관 개관할 때 초청을 받기도 했습니다. 제게 허락된 미술관 벽 30미터에 작품을 걸으니, 이 작품에 들어간 시간만큼 작품이 크긴 하더군요. 그래도 전체 작품을 모두 걸지는 못했습니다. (웃음)

예술가를 위한 집을 짓다! •••

이 작품을 처음 시작한 건 프랑스 파리 센 강변의 1,700평 작업실에서였습니다. 예술가를 위한 1,700평의 작업실이라니요, 굉장하지요? 건물 내부 공간이 가로 45미터, 세로 130미터입니다. 천장 높이는 18미터인데 천장 공사를 하려고 건물 위에 오르는 게 꼭 산에 오르는 것 같았어요. 그런 작업실을 한국 예술가들이 1991년부터 10여 년간 썼습니다. 아니, 어떻게?

이 거대한 공간은 원래 프랑스 국방부 소속의 탱크 정비 공장 자리였습니다. 그 공장에서 생산되던 탱크, 장갑차, 무기 등이 걸프전에 모두 쓰이고 이곳은 빈 채로 남아 있었습니다. 그 후에는 한 영화사가 국

위_ 아르스날 작가들, 아래_ 〈소나무〉전 카탈로그 표지

방성에다 이 공간을 임대해서 영화 촬영 장소로 썼어요. 엄청난 크기의 바닥에 비닐을 깔아서 물을 채운 다음 거기서 해전(海戰)을 치르는 장면을 6개월 동안 찍었다고 해요. 그 후 그 공간이 비어 있었는데 저를 포함한 한국인들의 모임인 소나무작가협회(Association des Artistes Sonamou) 작가 몇 명이 용감하게도 프랑스 국방성에 임대 신청을 했습니다. 이 탐나는 공간을 쓰겠다고 프랑스 국방성에 신청서를 낸 건 우리뿐만이 아니었어요. 그중에 가장 막강한 후보가 TF1이었습니다. TF1은 우리나라로 치면 KBS1 같은 채널로 프랑스에서 제일가는 국영 방송국이었습니다. TF1 방송국이 거기서 5분 거리에 있어서 스튜디오로 쓸 요량으로 신청을 했어요.

그다음 막강한 후보는 오샹(AUCHAN)이라는 대형 슈퍼마켓이었어요. 놀라웠던 건 오샹이 국방성에 백지수표를 주며 임대 신청을 했다는 겁니다. 그 창고 바로 길 건너에 있었던 오샹은 그곳을 물류창고로 쓰면 비용 절감이 될 것으로 보고 엄청난 조건을 내걸었던 거죠.

그런데 프랑스 국방성은 한국의 작가 열다섯 명에게 1,700평이나 되는 건물을 빌려주었습니다. 프랑스인도 아니고 한국의 작가들에게 말이에요. 심지어 이 건물은 에펠탑을 지은 에펠이 지은 건물이었어요. 어떻게 보면 어처구니없는 일이기도 하고, 굉장한 일이기도 해요. 임대를 받은 우리로서도 정말 이해가 안 갔어요. 프랑스가 아무리 예술을 사랑하는 나라라고 해도 어떻게 이런 일이 가능할까 하고요.

청소년 : 돈 버는 기업에 빌려주는 것보다 예술가들에게 빌려주는 게 국방성으로서는 체면이 서니까요.

그럴지도 모르겠어요. 하지만 우리나라 정부 같으면 체면을 위해서 그런 선택을 했을까요? 아마도 엄청난 돈을 포기하지는 않았을 거예요. 당시 우리의 임대료는 연 100만 원 정도로 적은 금액이었고 이마저도 프랑스 국방성은 받지 않고 무료로 빌려준 것으로 알고 있어요.

한편 이 공간이 우리에게 주어지면서 오샹은 엄청난 제안을 해왔어요. 천장이 높으니까 1, 2층으로 공간을 나눠서 각각 사용하는 대신 여기서 작업하는 작가들 모두에게 요샹에서 매달 작품 한 점씩을 사주겠다는 조건이었어요. 저희는 이 제안에 거절을 했어요. 국방성에서 무료로 내어준 공간을 우리가 돈 받고 팔 수는 없었어요. 그렇게 1991년부터 2001년까지 한국의 작가들이 여기서 작업을 했습니다. 지금은 그 자리에 고속도로가 뚫려 건물이 부서졌지만요.

어쨌든 프랑스 국방성이 내어준 창고는 그 엄청난 크기로 보건대 한국의 작가 열댓 명이 쓸 수 있는 공간이 아니었어요. 그래서 우리는 공간을 나누는 작업을 시작했습니다. 저는 할 줄 몰랐던 용접을 배워서 수천 개의 철근을 이어붙이는 작업을 했어요. 두 달을 매달린 끝에 그곳에 작업실 50개가 만들어졌죠. 그 후 이곳이 한국인만의 공간이 되어서는 안 된다는 의견이 모아졌고 우리는 다양한 국적의 작가들에게 작업실을 내어주는 데 합의했습니다. 프랑스 작가를 비롯해 13개국의 작가가 합류해서 성대한 입주식을 했고, 예술(art)과 무기고(arsenal)라는 말을 조합해 아르스날(ARTSENAL)이라는 이름을 건물에 붙이고서 함께 또 따로 나름의 작업들을 해나갔습니다. 아르스날은 한국뿐 아니라 멕시코, 이탈리아, 루마니아, 미국, 헝가리, 아르헨티나, 일본, 중국, 러시아, 캐나다 등, 다양한 국적의 예술가들이 함께하는 장소가 되어

갔어요. 파리에서는 작은 다락방 같은 작업실만 가져도 부러울 게 없을 텐데 이런 거대하고 국제적인 작업실을 만들고 그 뿌듯함이란 이루 말할 수 없었죠. 그러고 나서 첫 전시로 자화상전을 했어요. 특별한 목적을 갖고 모인 것이 아닌 여러 나라 작가들이라 각자의 모습을 첫 전시에 보여준다는 것은 적절한 선택이었던 것 같아요. 나는 그때까지 길게 길렀던 머리카락을 잘라 캔버스에 붙였죠. 거의 허리까지 길렀던 것이라 나의 분신과도 같았던 머리카락이었어요. 그 작품은 아직도 잘 간직하고 있답니다.

설치미술의 가능성 •••

제가 하는 일을 '설치미술'이라고 불러요. 제가 작업한 것들이 보존을 길게 할 수 없는 것들이 많아서, 작품을 사고 싶다는 사람이 나타나도 팔지 못하는 경우가 많습니다. 그런데 무엇이든 가능한 게 설치미술의 장점이에요. 한번은 큰 가정집이 철거를 앞두고 있었는데, 그 자리에는 미술관이 새로 들어설 예정이었어요. 미술관에서 집을 부수기 전에 작가 몇 명에게 제안을 해왔습니다. 곧 부서질 집이니까, 벽에 구멍을 내든, 천장을 뚫든 다 좋으니까 작가들 마음대로 이 공간에서 작품활동을 하라는 제안이었죠. 저는 곧 사라질 그 집에 들어가서 집안 곳곳을 청소해 거미줄, 쓰레기, 먼지를 모았어요. 그리고 그 먼지로 중앙청 건물과 똑같이 만들었어요. 중앙청은 1996년에 철거된 조선총독부 청사예요.

먼지로 한 이런 작업은 팔지도, 사지도 못하는 게 당연하지요. 그래

홍순명, ⟨our house⟩, 2002

〈흙-바다〉전을 준비 중인 홍순명 작가

서 설치미술 하는 작가들이 대체로 좀 가난하지만, 가끔은 장점도 있습니다. 이런 작품의 경우 재료비가 거의 안 들어요. 먼지에 값이 붙어 있나요?

2001~2003년에는 흙 위에다 설탕물로 바다의 물결을 그려서 〈흙-바다〉라는 이름으로 전시를 한 적이 있습니다. 흙 위에다 물로 그림을 그리면 금방 말라서 사라집니다. 그런데 물에 설탕물을 섞으면 당도가 생겨서 쉽게 증발하지 않아요. 그러나 시간이 갈수록 서서히 흙에 새겨진 무늬가 희미해지다가 결국엔 없어지죠. 이 〈흙-바다〉를 전시장에 전시할 때, 전시 오픈일 하루 전에 스무 시간이고 서른 시간이고 전시장에 무릎을 꿇고 앉아서 흙 위에 반복되는 무늬들을 그려 넣었습니다. 전시 마지막 날이 되면 흙의 무늬는 사라지고, 제가 작업한 흔적조차 알아볼 수 없게 됩니다. 모든 사물, 모든 생명이 생겼다가 사라지는 것을 전시기간 동안 압축적으로 보여주려고 한 작업이었죠. 이 작품이 유명해지면서 석 달 사이에 한국, 후쿠오카, 파리, 뉴욕을 돌며 네 번 이 〈흙-바다〉 작업을 했습니다. 무릎 꿇은 상태로 오래 작업을 하다 보니, 몸이 완전히 망가져서 그 후 1년간은 전시를 할 수가 없을 정도였죠. 몸의 한계와 연약함, 정신력을 온몸으로 체득한 시간이었어요. 하지만 재료비는 거의 들지 않았어요. 흙과 붓 한 자루, 물, 여기에 설탕 한 봉지만 있으면 돼요. 설탕 한 봉지 값과 노동력으로 지어낸 작업이었죠.

물방울 하나하나가 모여 거대한 바다를 이룬다 •••
저의 작품세계를 관통하는 말 중 하나가 '부분과 전체'라는 단어입니다. 부분에서 전체를 볼 수 있고, 전체에서 부분을 볼 수 있음을 보여주는 일련의 제 작품 활동인데, 이 말은 앞으로 제가 작품을 만들 수 있을 한, 계속될 인생 테마 같은 겁니다. 처음에는 그저 동양적 사고로 '부분과 전체'라는 주제에 접근했는데, 파고들어 가다 보니 점점 과학적이거나 인문학적인 사유와 닿아 있더라고요.

나중에 보니 『부분과 전체』(1969)는 불확정성의 원리로 노벨상을 받은 독일의 과학자, 하이젠베르크가 쓴 책의 제목이기도 했어요. 저도 찾아서 읽어봤는데 책의 70~80퍼센트는 무슨 말인지 못 알아듣겠더라고요. 그런데 나도 참 이상한 게 머리로 이해는 못 해도 읽고 나서 묵직한 감동이 찾아왔다는 거예요.

제가 작업한 〈운석〉이라는 작품이 있어요. 운석은 우주에서 떨어진 돌덩어리인데, 스티로폼과 종이죽을 가지고 운석처럼 만들었어요, 4미터 길이의 긴 돌 형체를요. 그리고 그 돌을 전시장 공중에 띄워놨는데 거기에 사람이 머리를 집어넣으면 그 안이 별이 반짝이는 밤하늘처럼 보여요. 작은 운석 안에 우주가 들어가 있고, 별 하나에 우주가 담겨 있는 거죠. 부분 안에 전체가 있는 거예요.

이렇게 부분과 전체의 관계를 담은 제 작품 중에 일명 '책장작업'이라 불리는 게 있습니다. 책장처럼 장을 짠 다음에, 책장에 책등이 보이게 책을 꽂듯이 캔버스 몇 백 개를 꽂아놓았다고 보시면 됩니다. 가로 4미터 길이의 긴 장을 짜면 여기에 800개의 캔버스가 꽂히는데, 캔버스 하나하나를 직접 제작한 다음에 캔버스 옆면을 캔버스 삼아서 그림을 그렸어요. 800개의 캔버스가 모두 합쳐지면 전체 형상이 큰 바다처럼 보이게 되죠.

홍순명, 〈부분과 전체-바다〉, 1997

어느 날 책을 뒤적거리다가 레오나르도 다빈치가 쓴 책을 봤어요. 두 권짜리 두꺼운 책이었는데, 그중 한 문장에 꽂혔어요. "넓은 바다에 물방울이 하나 떨어지면 우리가 느끼지 못하지만 바다의 높이는 그만큼 높아진다." 지금도 이 문장이 정확히 무슨 말인지는 모르겠는데, 큰 것과 작은 것을 섬세하게 연구한 것 같아서 마음이 동해요.

이 작품을 보면, 수백 개의 캔버스가 책처럼 장에 꽂혀 있잖아요? 이걸 하나씩 장에서 꺼내면 캔버스 전면에는 물방울이 하나씩 새겨져 있습니다. 물방울 하나하나가 모여서 바다가 된다는 것. 저는 이 메시지를 형상으로 만들어보고 싶었어요. 캔버스 옆면에 그림을 그린 것도 같은 이유에서였죠.

프랑스에서 14년간 유학 시절을 보내면서, 서양 친구들 사이에 동양인으로, 이방인으로 살아간다는 것이 녹록지 않았어요. 내 삶이 꽃이 아닌 꽃받침 같다는 느낌이 들 때가 많았어요. 캔버스를 우리는 어떻게 사용하나요? 당연히 캔버스 전면에 그림을 그리죠. 저는 이 캔버스 전면에 그림을 그릴 수 있도록 보조하는 이 옆면, 옆면을 주인공으로 세우고 싶었어요. 그래서 굳이 옆면에 그림을 그린 거예요. 한국에 돌아가면 달라질지 모르겠지만, 프랑스에서 보내는 그때는 제가 캔버스 옆면 같다는 생각을 했어요. 캔버스 앞면은 서양 친구들의 위치이고, 나는 캔버스의 좁다란 옆면에 살고 있는 것이 아닌가 싶었어요.

누구도 주목하지 않은 캔버스 옆면에 그림을 그린 것은 내 존재를 표현하고 싶어서였는지도 몰라요. 물론 품은 많이 들긴 했죠. 주인공 쪽, 즉 캔버스 앞면에 그리면 몇 점 그리지 않아도 되는데, 조연들을 데리고 작업을 하려니까 엑스트라처럼 그 수가 엄청 많이 필요하더라고요. 그래서 캔버스 몇 백 개를 직접 만들고, 레진으로 또 그만큼의 물방울을 하나씩 만들어 붙이고, 옆면에 그림을 그리고…… 고생은 있는 대로 했지만 이 작품을 사겠다고 하는 사람이 여기저기서 나타나기도 했죠.

사이드스케이프(Sidescape) :
구석진 자리를 보다, 그리다, 지키다 •••

참을 인(忍)을 수백, 수천 번 되뇌는 설치미술을 주로 하다 보니, 작업을 쉬면서 그동안 제대로 해본 적 없는 그림이란 걸 그리기 시작했습니다. 지금 이 순간에도 세계 각지, 구석구석에서는 어떤 사건들이 벌어지고 있어요. 로이터통신, AP통신 같은 국제 통신사에는 보도사진이 하루에만 만 장 넘게 올라와요. 우리나라에서는 연합신문이 보도사진으로 유명하죠. 저는 내가 살고 있는 현재, 지구촌의 모습을 그리고 싶었어요. 그래서 시작한 것이 뭐냐 하면, 매일같이 쏟아지는 전 세계 뉴스를 찾아서 보고, 그중 마음에 드는 뉴스 보도사진에서 한쪽 일부만을 캔버스에 유화로 옮겨 담는 작업이었어요. 4, 5년 동안 아침에 눈 뜨면 하루에 한두 개씩 빠지지 않고 그렸고, 이 작업은 지금까지 10년 넘게 이어져오고 있습니다.

그중에 강에서 목욕하고 있는 사람을 그린 그림이 있는데, 원래 이 장면은 시베리아의 어느 교도소에서 봄을 맞아 강으로 소풍 나온 풍경이었어요. 원본 사진에서는 죄수복을 입고 있는 사람, 길게 줄 서 있는 사람, 옷을 벗은 사람, 물에서 텀벙거리는 사람, 그리고 간수들까지 전

홍순명, 〈사이드스케이프〉, 2009

홍순명, 〈사이드스케이프〉 전시 전경, 2014(미메시스 아트뮤지움)

체 상황이 다 보이는데, 저는 수영하고 있는 몇 사람만을 캔버스에 풍경화처럼 그렸어요.

다른 그림에서는 숲 사이로 빛이 쏟아져 들어오는 아름다운 장면을 그렸는데, 이건 내전 중인 아프리카의 군인들이 새벽에 기관총을 세우고 땅에 엎드려 있는 사진의 일부 모습이었어요. 폴란드 바르샤바의 한 묘지에 사람들이 모여 있는 사진을 보고는 아침햇살이 내려쬐는 한 부분만을 옮겨 그렸어요. 인도네시아 자카르타 시내에 폭탄 테러가 일어난 사진에서 폭탄 가루가 날리는 부분만 크게 클로즈업해서 그리니까 이 장면이 마치 물속인 것처럼 보였죠. 또 우리나라 고흥 나로우주센터에서 로켓을 발사하는 사진을 보고 나서는 로켓 밑, 연소기에서 불이 뿜어져 나오는 일부분만을 그린다던가, 사막에 모래바람이 일어나는 그림인데 원래 장면에서는 이라크에서 헬리콥터가 막 떠오른 모습이었다던가, 중국에서 호우 피해로 댐이 부서져 물이 쏟아지는 보도 사진에서 물 수증기가 공중에 피어오르는 모습만을 그린다던가 하는 식으로 지금까지 3천 점 넘게 그렸어요.

이렇게 그린 그림들은 그리는 데 그치는 게 아니라 전시도 여러 차례 했어요. 부산 비엔날레, 미국 산타페비엔날레, 서울 토탈미술관 등에서 전시를 했는데, 이 작품들은 모두 벽의 가장자리, 구석자리에 걸었습니다. 미술관에 가면 그림은 벽의 중앙에 거는 게 법칙이기 마련인데 저는 전시장 벽 중앙은 비워놓고 벽면 구석구석, 꼭대기, 바닥 주변, 귀퉁이에 이 연작들을 걸었습니다. 사람들의 시선이 잘 닿지 않는 구석자리에 작품을 걸어서 사람들이 못 보고 지나치기도 하지만, 저는 중앙(센터)을 비켜서 구석진 자리에 주로 전시를 해요. 그래서 이 연작의 제목, 전시회 제목도 '옆 풍경'이라는 뜻으로 〈사이드스케이프 Sidescape〉라 지었어요. '비켜선 풍경', '빗겨난 풍경'이라고 해석하는 분들도 있습니다.

  사람들이 물어요. 왜 전체를 안 그리고 부분을 그려? 원본 사진대로 안 그리고 왜 한쪽 구석만 그려? 그럼 이렇게 답합니다. 나는 내 나름의 시선으로 세상 돌아가는 일들을 보고 싶었고, 그런 방식대로 그림을 그린 거라고요. 애초에 보도사진을 찍은 사진작가 역시 자기 나름의 시선, 프레임을 갖고 어떤 사건, 순간을 포착한 겁니다. 그 역시 자기만의 시선을 가지고 있었던 거죠. 저도 그렇습니다.

  이런 생각을 해봤습니다. 내가 여기에서 다섯 걸음을 걸어간다고 쳐봐요. 그렇다면 내가 발 딛는 발바닥 모양의 땅만큼만 있으면 됩니다. 이 말이 맞나요? 내가 밟는 이 땅 말고 주변에 땅이 없으면 우리는 전진할 수 있을까요? 발 딛는 발바닥 모양, 딱 그만큼의 땅만 있고 나머지 땅이 없다면, 그곳은 절벽과도 같아서 한 발도 내딛지 못할 거예요. 지금 당장 땅을 밟을 때는 필요 없는 땅이지만, 이 나머지 땅이 있어야 우리는 앞으로 걸어나갈 수 있습니다. 내가 밟은 땅 말고도 이 주변이 없어서는 절대로 안 돼요. 지금 당장 필요 없는 것 같아 보이지만 그 자투리 땅은 꼭 필요합니다.

  그리고 만약에 그 자투리 땅에 꽃이 피어 있고, 나비가 날아다니고, 시냇물이 흐른다면 우리는 훨씬 행복할 겁니다. 이 풍경이 없어도 상관은 없지만 나를 둘러싼 이 주변의 존재들이 없다면 어떨까요? 저는 스스로에게 물어요. 왜 이런 주변의 존재들이 있는 게 나에게 행복감

홍순명, 〈사이드스케이프〉 전시 일부 모습, 2010(경기도미술관)

"저는 전 세계 뉴스 보도사진에서 일부만을 캔버스에 옮겨 담는 작업을 하고 있습니다. 이 작업으로 전시회도 여러 차례 했는데, 주로 전시장 벽 중앙이 아닌, 벽의 가장자리, 구석자리에 작품들을 걸었습니다. 사람들의 시선이 잘 닿지 곳이라 사람들이 못 보고 지나치기도 하지만, 저는 이 소중한 옆의 풍경, 주변의 존재들에게 눈길을 주고 싶습니다."

을 줄까? 그리고 생각하죠. 내가 아직 눈길을 주지 않은 옆의 풍경을 계속해서 찾아서 그리자, 라고. 이건 앞으로 계속해야 할 제 작업입니다.

상상화 그리기 • • •

강의 끝나고 나서 여러분과 하고 싶은 작업이 있어요. 하나는 '상상 얼굴 그리기'입니다. 여러분이 상상하는 얼굴을 그리는 거예요. 상상 얼굴이 무엇이 될지는 오로지 여러분 상상에 달려 있어요. 다른 하나는 먼저 제가 준비한 물건이 필요합니다. 제가 물건을 세 가지 준비해서 봉지 안에 넣어놨는데, 그 봉지 안에 손을 넣어 촉감만으로 그 안에 든 물건이 무슨 색인지, 어떤 형태인지 상상해서 그려보세요. 손으로 만져서 그린 그림이니까 해답 같은 건 없어요. 아무렇게나 그려도 상관 없어요. 둘 다 '상상화'입니다. 눈으로만 보는 것에서 벗어나서 상상만으로 그리는 시간이에요.

　예닐곱 살 아이들부터 중학생, 고등학생들하고 수업할 때 자주 하는 작업도 있습니다. 제가 아까 전체와 부분 이야기를 했는데, 제가 그린 보도사진의 일부 그림을 학생들에게 주면, 학생들이 나머지를 상상해서 그려나가는 작업을 해요. 학생들 각자가 상상으로 그린 그림 조각들을 이어 붙여서 또 하나의 새로운 작품이 나오기도 해요. 미국 산타페 어느 중학교와 고등학교에서 학생들과 함께 이 작업을 하고 전시를 한 적도 있습니다. 마지막에는 학생들이 완성한 작품과 제 작품을 교환하기도 했어요. 자, 우선 가장 중요한 '밥'부터 먹고 합시다. 마당에 큰 테이블이 있으니까 식사부터 하고 오후에 '상상화 그리기'를 함께

해보죠. 감사합니다.

청소년 : 〈사이드스케이프〉 시리즈 전시할 때, 원본 전체 사진을 선생님이 그린 부분 그림과 함께 전시한 적은 없으셨나요?

홍순명 : 전시하기 전에 고민이 많았던 부분이에요. 어떤 과정을 거쳐 그림을 그렸는지 관람객들에게 정보를 줄 것인가, 말 것인가 고민이 많았죠. 미술은 크게 순수회화와 디자인으로 나눌 수 있어요. 이 둘은 극단적으로 달라요. 순수회화는 나를 위해서 하는 거고, 디자인은 남을 위해서 하는 거예요. 그림을 남을 위해서 그린다고들 많이 생각하는데, 물론 궁극적으로 내 작품이 남에게 도움이 되면 좋은 일이고 또 그러길 바라지만, 그게 목표는 아니에요. 나는 나 좋으라고 이런 작업들을 해요.

〈사이드스케이프〉 전시할 때, 그림에 관한 정보보다는 그림 자체로 소통하고 싶었던 욕심이 커서 정보를 안 줬어요. 저는 그런 정보가 그렇게 중요하지 않다고 생각해요. 그것보다는 그림 자체를 통해서 사람들이 무엇을 느낄 수 있는지에 더 관심이 있어요. 아니, 솔직히 말해서 사람들이 느끼지 못해도 별 상관은 없어요. 나는 나만 좋으면 돼요. 이게 좀 무책임한 말 같지만 사실 굉장히 중요한 말일 수도 있어요.

〈파인딩 포레스터〉라는 영화가 있어요. 한 편의 걸작 소설만 세상에 발표하고 40년간 작은 아파트에 은둔 생활을 해온 작가 포레스터가 주인공으로 나오는데, 작가에게 흑인소년이 다가가서 글 쓰는 법을 배우며 서로 성장하는 내용이에요. 항간에는 『호밀밭의 파수꾼』 단 한 작품만 발표하고 은둔 생활을 했던 J. D. 샐린저를 모델로 만든 영화라는 얘기도 있는데, 이 영화에서 포레스터가 흑인소년 자말에게 이런 말을 해요. "내가 평생 글을 썼는데, 내가 좋아서 쓴 글들은 남이 좋아하는데 남 좋으라고 쓴 글은 남이 읽어주질 않는다"라고. 작가 역시 평생 글을 쓰면서 이해가 되지 않는 부분이라며 하는 대사죠. 저는 이게 본질을 꿰뚫는 말이라고 봐요. 그러니까 나에게 솔직한 게 남에게도 전달되는 거지, 남에게 전달하려고 노력하는 건 오히려 잘 전달이 되지 않아요.

디자인 분야는 처음부터 남에게 전달하는 데 관심을 두겠지만, 순수미술은 안 그래요. 이쪽은 나 스스로에게 철저히 솔직해질 때, 나의 내면과 끝없이 대화를 시도할 때, 그 메시지가 남에게도 전달되는 거지, 남들이 이거 좋아할 것 같다고 시도하면 남들이 안 좋아해요. 나는 언제나 나를 위해서 이 일을 합니다. 일단 내가 만족해야 합니다. 남이 만족하는 건 나중 문제예요.

홍순명과 청소년 협업 작품, 〈나의 아바타〉

이날, 수업이 끝나고 홍순명 작가와 청소년들은 함께 작품을 만들었습니다. 먼저 청소년이 각자 자신의 아바타를 그렸습니다. 사진작가는 청소년들의 인물사진을 찍었고, 홍순명 작가가 청소

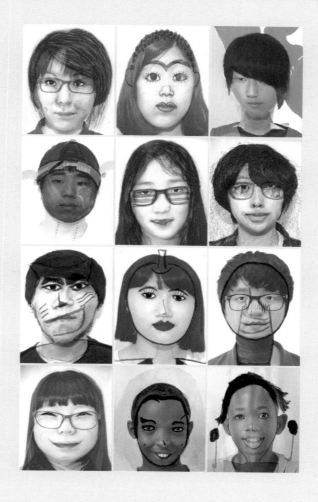

년들의 그림과 사진을 컴퓨터로 합성해 세상에 단 하나밖에 없는 〈나의 아바타〉 스물두 점이 탄생했습니다. 이 작품들은 길담서원 한뼘미술관에 전시되었습니다. 홍순명 작가는 같은 작업을 르완다 어린이들과도 함께했는데 마지막 두 점은 그렇게 해서 나온 작품입니다.

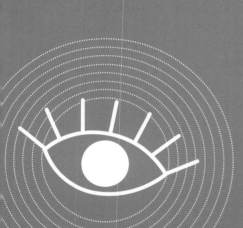

관심이 있는 곳에
눈이 있다
: 사진을 통해 본 눈 이야기

이재성

잡지사 기자, 자유기고가, 글쓰기 강사로 일했다. 지금은 길담서원 학예실장으로 인문예술 프로그램, 청소년인문학교실, 한뼘미술관 전시 등을 기획하며 공부하고 있다. 함께 강의해서 정리한 책으로 『나는 어떤 집에 살아야 행복할까?』(철수와영희)가 있으며, 지은 책으로 『길담서원, 작은 공간의 가능성』(궁리)이 있다.

여러분들과 제가 '길담서원 청소년인문학교실'에서 두 번째로 만나네요. 지난번에 '집'이라는 주제로 만난 후, '눈'이라는 한 글자를 주제로 다시 만났습니다. 우연인지 모르겠지만 집 강의를 마치면서 여러분에게 부탁드린 한마디가 있었습니다. '세상사 만물을 다른 방식으로 보라, 그것이 사람을 이해하는 하나의 방식이자 창작이다'라는 이야기였어요. 이번에는 눈, '본다는 것'에 대해서 사진이라는 매체를 통해 풀어보도록 하겠습니다.

여러분은 요즘 카카오톡, 인스타그램, 페이스북 등을 할 때 글과 함께 사진도 많이 올리고 문자 대신 이미지로 하고 싶은 말을 대신하기도 하지요. 저는 이런 이미지들의 범람과 이모티콘, TV, 영화, 넘쳐나는 광고 등등을 보면서 인류발생 이후, 문자가 발명되기 이전의 이미지 시대에서 문자 시대를 지나 다시 이미지 시대를 가고 있는 게 아닌가 하는 생각을 합니다.

돈에 눈과 마음을 빼앗긴 시대 •••

원시시대 사람들은 호랑이, 사자, 들소와 같은 육식동물로부터 나를 보호하며 채집·수렵·어로 활동을 통해 먹고살아야 했습니다. 마음 속 두려움을 간직한 눈은 늘 밖을 향해 있었지요. 그래서 문자가 없던 그 시대의 이미지들이 먹을 것을 비롯한 필요에 관련된 기원이나 제례 의식을 담은 동물 이미지들이었다면, 지금은 자신의 감정이나 상태를 담은 이미지들, 상품 이미지들이 한 소통방법으로 이용되고 있습니다.

원시시대 사람들의 삶이 먹고 자고 배설하고 자식을 낳는 육체적 욕 망이 중심이었다면, 농사를 짓고 집이 있어 삶을 보호받게 되면서부터 는 몸에 집중하고 내면을 바라보게 됩니다. 외부로부터 주어지는 생명 에 대한 두려운 압박에서 자유로워지면서 나를 바라보게 되고, 내가 원하는 것이 무엇인지 스스로 질문하고, 나를 표현하고 내면을 성찰할 수 있는 시간이 주어집니다. 밖으로만 향했던 시선이 나의 육체와 정 신으로 향하면서 고대 철학이 꽃피기 시작합니다. 사람들은 창작활동 을 하고 철학을 하고 문화를 꽃피웁니다. 사람이 어디를 바라보고 있 는가? 하는 것은 그래서 아주 중요합니다.

그런데 이제는 그 호랑이와 사자가 바로 자본인 시대에 살고 있습니 다. 돈이 없으면 먹고살 수 없는 세상인 것이지요. 그래도 농경시대에 는 먹을 것을 스스로 길러서 먹고 자기가 필요한 물건은 스스로 만들 어서 썼는데 근대화되면서 우리는 땅을 떠나 공장으로 옵니다. 생산자에서 소비자로 변신한 우리는 일을 하고 월급을 받아 시장에서 필요한 물건을 구입하는 노동자가 되었습니다. 그러면서 삶의 시선이 원시시대처럼 다시 외부를 향하게 됩니다. 돈과 자본에 눈을 빼앗긴 사람들은 나를 바라보고 나의 내면을 성찰하는 마음을 잃었습니다. 스스로 생산하는 힘을 상실한 우리는 노동력을 팔아 돈을 벌어야 하고 그 돈으로 먹을거리와 생활필수품을 구입해야만 살 수 있게 되었습니다. 사람들은 나의 내면을 돌보는 대신 돈과 자본의 선택을 받기 위해 겉모습을 치장하기 시작합니다.

그 결과, 더 이상 옷은 추위를 막아 몸을 보호해주는 기능으로서의 옷만이 아닙니다. 집도 마찬가지입니다. 입은 옷이 그 사람을 대변하고 사는 동네나 집이 곧 그 사람으로 평가되기도 합니다. 우리가 헤어스타일에 신경 쓰고 옷을 차려입고 집을 가꾸는 것, 먹는 것 등의 디자인에 집중하게 된 것, 심지어 성형수술을 하는 것은, 아름다움에 대한 자기만의 눈이 생겼기 때문이라기보다는 그것이 유행이라든지, 돈을 버는 수단으로서, 재산의 척도로서 나를 드러내는 방식이기 때문이기도 합니다.

이제 우리는 사물이나 현상을 바라보는 주체로 살기보다는 보이는 대상으로서 살아가고 있는지도 모릅니다. 내가 나의 눈으로 보며 생각하고 판단해서 살아가는 것 같지만 실은 보이는 존재로, 나를 보는 타인의 눈에 의해 나를 만들어가고 있는지도 모릅니다. 그러나 타인의 눈이 아니라 나의 눈으로 세상을 보고 나의 홈통을 만들어 새로운 관점을 제시하는 사람들이 있습니다.

턴테이블에 올려놓은 LP의 바늘이 타고 가는 길을 홈통, 그루브 (groove)라고 합니다. 바늘이 홈통을 지나갈 때 음악이 흘러나옵니다. 그 홈통을 바늘이 잘 타고 가야 음악이 튀지 않고 자연스럽게 들리겠지요. 그루브는 재즈용어이기도 합니다. 세상에서 가장 자유로운 음악, 그 누구의 간섭도 받지 않고 제멋대로 흘러가는 재즈는 흑인노예들의 영혼에서 태어난 저항 음악입니다. 끈적하게 타고 흘러가는 자유의 리듬도 홈통, 그루브라고 합니다.

또 지붕에서 모인 빗물이 타고 내려오는 홈통도 그루브입니다. 홈통을 타지 못하는 빗물은 바다로 갈 수 없습니다. 하지만 그 홈통을 타지 않는 빗물만이 자기만의 홈통을 만들어낼 수 있습니다. 그렇습니다. 재즈의 즉흥 연주에서 새로운 음악이 탄생하는 것은 홈통을 벗어났기 때문입니다. LP 위의 바늘이 튀었을 때, 빗물이 홈통에서 튕겨져 나왔을 때, 재즈음악이 그루브를 타지 않고 홈통을 벗어나 즉흥적으로 흐를 때, 오히려 다른 길이 열립니다. 그것은 관성에 대한 저항입니다. 우리의 삶도 인생도 마찬가지입니다. 다른 길을 발견하거나 발명하기 위해서는 다른 눈을 가져야 합니다. 자기만의 그루브를 타야 합니다. 주류(main stream), 즉 대다수 사람들이 무작정 따라가는 길이 아니라 나만의 눈으로 세상과 사물을 다르게 보고 다른 홈통을 만들 때 나의 삶을 살 수 있게 됩니다.

그럼, 사진에 대한 일반적인 이야기를 조금 하고 자기만의 홈통을 가지고 사진론을 전개한 롤랑 바르트, 수전 손택 그리고 발터 벤야민을 만나보도록 하겠습니다.

사진은 지금 이 순간을 잡아둔다 •••

우리가 일상에서 매일 보는 이미지, 아무런 생각 없이 찍고 저장하고 친구에게 보내고 인터넷 카페나 페이스북에 올리는 사진에 대한 이야기를 해봅시다. 여러분은 사진이 뭐라고 생각합니까? 왜 우리는 사진을 수시로 찍을까요? 왜 다른 사람에게 보여줄까요? 사진을 찍는 행동은 무엇을 의미할까요? 그리고 신문이나 잡지에서 보여주는 사진은 무슨 의미를 담고 있을까요? 이런 궁금증을 가지고 사진이라는 매체를 알아봅시다.

먼저, 여러분은 왜 사진을 찍나요? 어떨 때 사진을 찍어요?

청소년 : 예쁜 것을 보았을 때, 내가 예뻐 보일 때요.
청소년 : 맛집에 갔을 때, 유명한 사람을 만났을 때 찍어요.

그렇죠? 무엇인가를 기억해야 할 때 기록하려고 사진을 찍게 됩니다. 그런데 그럴 때만 찍나요?

청소년 : 셀카도 찍어요.
청소년 : 심심할 때도 찍고 아무 생각 없이도 찍어요. 그냥 지나가다가 풍경도 찍고요.

그렇지요. 요즘은 자기 스스로를 참 많이 찍어요. 셀카도, 얼짱각도라는 말도 새로 생긴 말이지요. 예전에 사진은 백일이나 돌, 입학식, 졸업식, 결혼식, 해외여행과 같이 기억해야 할 특별한 날에나 찍었어요.

그때는 집집마다 카메라가 있었던 것도 아니고 있어도 귀해서 함부로 들고 나갈 수가 없었지요. 필름을 사서 카메라에 넣고 사진을 찍고 인화를 하려면 필름을 사진관에 맡겨야 했어요. 인화비용이 들었지요. 아무튼 이제는 사진이 우리의 일상 속으로 깊숙이 들어와서 우리가 그냥 지나치고 말았을 삶의 내밀한 부분들을 기록하기 시작했어요. 뿐만 아니라 나를 증명하기 위해서 찍는 사진도 있어요. 학생증, 주민등록증, 여권이나 운전면허증에 쓰는 사진이지요. 또는 범인들의 인상착의를 담은 몽타주라든지, 증거를 수집하기 위해 찍는 사진, 교통사고 현장을 찍는 그런 유의 사진들도 있어요.

그렇지만 전통적인 의미에서 사진은 사람이 죽는 존재라는 사실을 알았고 그것을 극복하는 하나의 도구로 쓰였어요. 무슨 말이냐면 그것을 메멘토 모리(memento mori)라고 하는데 '죽음을 기억하라'라는 뜻이에요. 사람은 반드시 죽는다, 이것을 기억하라는 의미의 라틴어입니다. 우리가 태어나는 순간 나의 삶 안에 이미 들어와 있는 죽음을, 죽음이란 존재를, 의식하고 기억해야 한다는 이야기입니다.

이렇게 무의식 속에서 죽어가는 나를, 죽어가는 사랑하는 사람의 모습을 잡아두기를 원했어요. 그래서 사진을 찍는다는 것은 우리가 죽을 수밖에 없는 유한한 삶을 극복하는 하나의 방식이기도 합니다. 사람은 태어나자마자 죽어간다고도 말할 수 있으니까요. 사진은 순간을 카메라로 포착하여 속절없이 흘러가버리는 시간을 담아두는 것이고 앞으로는 사라질 지금 이 순간의 모습을 잡아두는 것입니다. 지금 이 행복한 순간을 영원히 사진 속에 멈추어 있게 하고 싶은 것이지요. 이렇게, 사진 찍기는 사람 혹은 사물의 죽음과 연약함과 무상함에 참여하는 행위입니다.

여러분이 지금 가지고 있는 사진을 살펴보세요. 아마도 가족이나 친구들과 학교에서 혹은 여행을 가서 찍은 사진이 많을 겁니다. 반려동물이나 키우는 식물 사진들도 있겠지요. 그러나 사랑하는 사람이 생기면 그 사람을 중심으로 사진을 찍고 결혼을 해서 아이를 낳으면 아이를 중심으로 사진을 찍게 될 것입니다. 이렇게 시선이 옮겨갑니다. 이 시선의 이동은 바로 관심과 사랑입니다.

회화나 조각이 인류의 시작과 함께 출발했다면 있는 그대로의 순간을 포착해서 재현하는 사진은 근대 과학기술의 발달과 함께 생겨난 매체입니다. 물론 아리스토텔레스 때부터 카메라의 원리인 바늘구멍에 상이 생긴다는 사실을 알았고 레오나르도 다빈치는 카메라의 원형인 카메라 옵스큐라(camera obscur)라 불리는 어둠상자를 이용해 그림을 정확하게 그리기 위한 도구로 사용했다고도 합니다만 본격적인 사진의 활용은 과학기술의 발전과 함께 전개됩니다.

회화가 자기가 본 것이나 심상을 자신의 감정을 담아 표현한 것이라면, 사진은 객관적인 사물이나 현상을 찍어서 자기의 생각을 표현하는 도구라고 말할 수 있습니다. 또 사진은 원본이 하나밖에 없는 그림과는 다릅니다. 어떻게 다른가요?

청소년 : 사진은 여러 장 복사할 수 있어요.

그렇죠. 우선 복제를 원하는 만큼 할 수 있습니다. 세상에 하나밖에 없는 회화와는 달리 무한하게 활용 가능합니다. 포토샵 같은 프로그램을 이용해 오리고 붙이고 다양한 합성도 할 수 있어요. 게다가 정지되어 있는 사진을 빨리빨리 돌리면 뭐가 되지요?

청소년 : 영화요.

네, 영화가 됩니다. 사진은 영화, 디지털 아트, TV의 시작입니다. 그러나 영화는 사진이 가지고 있는 독자성, 즉 고정된 이미지를 계속해서 움직이게 하고 이동시킴으로써 다른 분위기를 연출하지요. 유일무이한 회화나 조각, 그리고 여러 장을 동시에 찍어서 포스터나 광고로 이용되던 판화에 뒤이어 사진이 발명되었습니다. 사진은 다량복제가 가능하고 판화보다 더 정밀하면서도 값이 저렴하여 근대시민사회의 대중으로부터 큰 환영을 받았습니다. 사람들은 사진기술의 발달로 이제는 더 이상 비싼 돈을 주고 화가에게 초상화를 부탁하지 않아도 되었고 광고를 만드는 데도 훨씬 편리해졌습니다.

회화의 기원은 사랑하는 대상을 영원히 기억하고 싶은 여인의 마음으로부터 시작됩니다. 내일이면 사랑하는 사람이 전쟁터로 떠나야 합니다. 밤은 깊어가고 마음은 안타까움으로 가득합니다. 여인은 전쟁터에서 죽게 될지도 모르는 사랑하는 사람을 두고두고 기억하고 싶습니다. 그래서 사랑하는 사람의 모습을 달그림자에 의지해 벽에 새깁니다. 도공인 여인의 아버지는 딸이 그려놓은 선을 따라 흙을 붙여 부조를 만듭니다. 나중에 그것을 조각으로 만들게 됩니다. 이렇게 사랑하는 사람의 몸은 떠나가도 그 모습을 기억하고 싶은 마음이 회화가 되고 부조가 되고 다시 조각으로 태어나게 됩니다. 미술사는 이렇게 시작됩니다.

사진도 마찬가지입니다. 1910년 1차 세계대전 당시 코닥카메라의 상용화로 사진이 대중화됩니다. 회화를 통해서 돈 많은 귀족들이 아름다운 순간을 재현하고 기록했다면, 이제 시민들도 카메라로 기록을 남길 수 있게 되었습니다. 일상에서는 물론 아들을 전장에 보내는 가족이나 연인이 사진을 찍고, 또 전쟁에 참전한 기자들이 사진을 찍어서 본국에 우송해 전쟁터의 상황을 알렸습니다.

사랑하는 사람의 모습을 영원히 기억하고 싶은 마음! 어쩌면 이것이 예술의 시작일지도 모르겠습니다.

롤랑 바르트, 사랑이 있는 곳에 눈이 있다 •••

이제 그럼, 사진 속으로 들어가 보겠습니다. 프랑스의 철학자이고 비평가인 롤랑 바르트는 어머니가 돌아가신 후, 유품을 정리하다가 어머니가 어린 시절에 찍힌 사진 한 장을 발견합니다. 롤랑 바르트는 이 '온실 사진'으로부터 자신의 사진론을 이끌어냅니다. 사진 속의 존재가 '그때 거기에 있었다. 그러나 지금 여기에 없다'는 일종의 존재증명이면서 동시에 부재증명입니다. 즉 '어머니가 존재했다'라는 존재증명과 '그런데 어머니가 지금은 계시지 않는다'라는 부재증명의 아픔이 사진을 바라보는 롤랑 바르트의 시선이라고 할 수 있습니다.

나아가서, 바르트는 사진을 스투디움(studium)과 푼크툼(punctum)

이라는 두 개의 개념으로 나누어 설명합니다. 우리가 보고 그냥 지나치는 사진들은 그저 이미지들에 불과합니다. 그런데 우리가 원하지 않았는데도 우리의 눈을 잡아끄는 사진이 있습니다. 바르트는 이렇게 우리의 눈을 잡아끌어 정서적 반응을 불러일으키는 사진들을 스투디움(studium)과 푼크툼(punctum)이라는 두 차원으로 나누어 설명하는 것입니다.

스투디움은 사진에서 느끼는 평균적인 정서를 의미합니다. 그저 평면적 아름다움을 느끼는 것으로 교양으로서의 정보와 재현, 놀라움과 부러움 등의 감정을 표현한다고 보면 됩니다. 누구나 비슷하게 느끼는 객관적인 정서입니다.

푼크툼은 세부요소로 스투디움을 깨뜨리는 어떤 것입니다. 사진을 보는 사람을 정서적으로 찌르고, 상처를 주고 아프게 하는 우연적인 요소입니다. 즉, 사진을 보는 사람의 마음속에 있는 트라우마, 상처의 경험을 느닷없이 불러내는 주관적인 요소입니다. 선불교에서 단박에 깨침 또는 느닷없는 깨달음을 돈오(頓悟)나 사토리(悟り)라고 하는데, 푼크툼은 바로 이것과 비슷한 것입니다. 그러니까 롤랑 바르트에게 사진은 트라우마이기도 합니다. 나에게 트라우마가 없다면, 그 사진은 그냥 스투디움이 있는 이미지일 뿐입니다. 이와 달리 그 사진을 보는 순간 내 마음속에 울컥하고 뜨거운 뭔가가 올라오면서 나를 찔러 마음을 아프게 한다면, 그것은 푼크툼이 있는 사진입니다.

이처럼, 우리가 과거에 어떤 경험을 가지고 있느냐에 따라서 사진은 각 사람에게 다르게 나타납니다. 어떤 사람은 그 사진을 보고 아픔을 느끼지만 다른 사람은 아무런 느낌이 없습니다. 그래서 푼크툼은 사진 안에 있는 게 아니라 사진을 보는 '구경꾼'의 마음에 있는 것이라고 말할 수 있습니다.

그러면, 사진이 왜 아픔이고 상처가 될까요? 앞에서 말했듯이 사진은 지나간 과거입니다. 되돌릴 수 없는 지나간 순간은 죽음과 닮았습니다. 그래서 트라우마, 아픔으로 인식됩니다. 지나간 순간은 나의 마음속에 잠재태로 가라앉아 있다가 어떤 사진을 보는 순간 현재태로 되살아납니다. 그래서 롤랑 바르트는 사진을 단 한 사람을 위한 불완전한 과학이라고도 합니다.

전통적인 의미의 사진은 카메라에 필름을 넣고 사물의 형상을 찍어서 그것을 인화지에 현상하는 것입니다. 오늘날 여러분이 들고 다니는 디지털 카메라는 필름을 사용하는 옛날 카메라와는 달리 0과 1의 조합으로 작동하기 때문에 이것을 사진으로 볼 수 있느냐를 둘러싸고 논란이 되기도 했습니다만, 아무튼 사진은 과학기술을 기반으로 기록하고 창작하는 예술행위입니다. 이렇게 사진은 매우 과학적인데 그럼에도 불완전하다는 것은 사진에 대한 롤랑 바르트의 관점이 매우 주관적이기 때문에 과학적으로 증명하기 어렵다는 것입니다. 사진을 보는 사람이 과거에 어떤 경험을 했느냐에 따라서 같은 사진을 보더라도 달리 느낀다는 것이지요. 따라서 롤랑 바르트에게 사진은 나와 관련이 있는 사진만이 의미가 있습니다.

어머니를 지극히도 사랑했던 롤랑 바르트는 어머니를 잃고 나서 자신의 전부를 잃을 것처럼 깊은 슬픔에 빠져 애도일기를 씁니다. 그는 어머니의 앨범을 보다가 열다섯 살 소녀인 어머니 사진을 발견합니다. 온실에서 찍은 그 사진 속의 어머니는 이미 돌아가셨는데도 15세 소녀로 살아 있습니다. 사진 속 소녀는 20세에 루이 바르트와 결혼하여 22세에 롤랑 바르트를 낳고 23세에 전쟁으로 남편을 잃었습니다. 그리고 84세까지 오로지 아들인 롤랑 바르트만을 위한 삶을 살게 됩니다. 그 온실 사진은 이 모든 사실을 잠재태로 품고 있습니다. 그 소녀는 모르고 있는 것이지요. 자기가 낳은 아이가 자라서, 자신이 죽은 후에, 이 사진을 보고 있을 거라는 사실 역시 모르고 있습니다.

사진 한 장 속에는 소녀의 현재, 소녀의 미래 그리고 그 사진을 보고 있는 아들의 현재가 공존하고 있습니다. 사진이란 이렇게 찍히는 쪽의 과거와 미래 그리고 보는 사람의 현재가 교차하는 매체입니다. 한 장의 사진 속에서 과거에 일어난 표상들과 사라져간 과거의 시간들이 현재라는 시점에서 재생됩니다. 이러한 사실은 우리에게 새로운 시간개념을 일깨워줍니다.

결혼도 안 하고 혼자 살았던 롤랑 바르트에게 어머니는 자신과 분리될 수 없는 존재였습니다. 따라서 어머니의 죽음은 바르트 자신의 죽음이었을 겁니다. 바르트는 사진을 보는 순간 15세 소녀의 모습에서 자기가 잘 알고 있던 그 어머니와 직면합니다. 울컥하면서 가슴 깊이 잠재해 있던 어머니에 대한 그리움이 밀려왔을 겁니다. 사랑하는 엄마를 잃고 난 후이니까 얼마나 마음이 아팠겠어요. 앨범을 보고 슬퍼졌다는 것은 그 시간의 켜켜한 흐름을 느끼는 것입니다. 느낀다는 것은 생각으로 아는 것을 넘어서서 몸으로 앓는 것입니다. 이는 마음속에 잠재태로 있었던 과거의 순간이 어떤 사진을 보는 순간 현재태로 되살아나는 '푼크툼'의 경험입니다.

롤랑 바르트는 과거에는 있었으나 지금은 없는 어머니의 부재를 증명하는 것이 사진의 기능이라고 했습니다. 그러니까 사진을 찍는다는 것은 지금은 있으나 앞으로 사라질 사람이나 동식물 등 죽어가는 사물들의 한 순간을 기록하는 것이라고 말할 수 있겠지요. 사진 한 장(152쪽) 보겠습니다.

알렉산더 가드너라는 전쟁사진가가 1865년에 루이스 페인이라는 잘생긴 청년을 찍은 사진입니다. 청년 루이스 페인은 미국의 국무장관 W. H. 슈어드의 암살을 시도했다가 실패하고 투옥되었습니다. 가드너는 사형집행 직전에 감옥에 있는 페인을 촬영했다고 합니다. 먼 곳을 응시하는 듯한 루이스 페인의 모습은 처연한 아름다움을 품고 있습니다. 아름답다는 것 그 자체는 스투디움입니다. 그러나 푼크툼은 그가 곧 죽는다는 사실입니다. 동시에 그 사실은 존재할 것이고 그의 죽음은 존재했다(노에마noema: 그것은-존재-했음)는 증명입니다.

롤랑 바르트는 이 사진을 두고 '나는 죽음이 걸려 있는 전미래의 공포를 느끼며 지켜본다. 사진은 미래의 죽음을 말하고 있다'라고 했습니다. 우리가 이 사진에 대한 정보를 알게 되는 순간, 루이스 페인은 존재하는 사람이 아니라 존재했던 과거의 사람이 됩니다. 사진 속의 루이스 페인은 이제 곧 죽지 않으면 안 되는 죽을 수밖에 없는 미래를 담고 있는 것입니다. 사진 한 장(153쪽) 더 보겠습니다.

이 사진의 작가가 누구인지는 모르겠는데요, 사진 속 이분이 누구인지 알겠어요? 전태일 열사와 이소선 어머니입니다. 전태일 열사는 지금 살아계셨다면, 70세 정도 되셨겠네요. 어머니도 몇 해 전에 돌아가

알렉산더 가드너, 〈루이스 페인의 초상〉, 1865

"사진은 지나간 과거입니다. 사진을 찍는 순간, 그 순간은 사라지고 맙니다. 사진은 되돌릴 수 없는 지나간 순간을 영원히 잡아둡니다. 그래서 사진 속에는 사진이 찍히는 사람의 과거와 미래, 그리고 그 사진을 보고 있는 사람의 현재가 공존하고 있습니다. 그런 의미에서 사진은 과거, 현재, 미래…… 여러 시간을 교차하며, 만날 수 없는 사람들이 나누는 일종의 대화이기도 합니다."

이소선 어머니

"어떤 사진은 보는 순간 내 마음속에 울컥하고 뜨거운 뭔가가 올라오면서 마음을 아프게 하는 사진이 있습니다. 대부분의 사람들은 이 사진을 보고 그런 슬픔을 느낄 것입니다. 아들을 잃은 이소선 어머니의 질끈 감은 눈에서 고통이 전해집니다. 사진은 우리에게 아픔이고 상처가 됩니다. 사랑의 다른 이름이기도 하지요."

셨지요. 어머니 품에는 둥글둥글하고 순박한 한 청년의 사진이 안겨 있습니다. 세월호 참사로 자식을 잃은 어머니들의 얼굴이 겹쳐지는 사진입니다. 어머니는 그 사진을 안고 있는데 질끈 감은 눈에서 그 고통이 그대로 전해집니다. 이 사진에서도 사진이 갖는 구도의 아름다움과 현장이 주는 특별함이 있지만 그것보다 먼저, 어머니 표정에서 아픔이 몰려옵니다.

1970년, 평화시장 재단사 전태일은 우리만 이렇게 힘들게 일하는 게 아니야, 다들 그런데 참아야지 어쩌겠어, 라고 말하며 모두들 행복을 미루고 있을 때, 이것은 사람이 사는 것이 아니라고 생각합니다. 그래서 바보회를 만들고 헌법을 공부하여 근로기준법이 있음에도 노동력을 착취당하고 인간답지 못하게 살고 있다는 것을 알게 됩니다.

노동법에는 '하루 8시간 노동'을 명시하고 있었지만 하나도 지켜지지 않았습니다. 똑바로 일어설 수조차 없는 평화시장 다락방에서 하루 15시간씩 일하는 10대 여공들은 각종 질병에 시달렸습니다. 저임금으로 병원조차 못 가고 폐렴과 호흡기 질환으로 죽어가는 것을 더 이상 볼 수 없었습니다. 전태일과 바보회 회원들은 현실을 알리기 위해 청계천 평화시장 앞에서 노동환경 개선을 요구하는 시위를 했습니다. 그러나 경찰의 진압으로 '근로기준법' 화형식이 실패로 끝날 것 같았습니다. 전태일은 법전을 손에 들고 몸에 석유를 끼얹고 불을 붙였습니다. '근로기준법을 준수하라! 우리는 기계가 아니다! 내 죽음을 헛되이 말라!' 외치며 쓰러집니다. 그러고는 다시 일어나지 못합니다. 그의 나이 23세 때 일입니다.

그렇게 아들을 잃은 이소선 어머니는 아들의 사진을 안고 고통 속에서 몸부림칩니다. 아들을 잃은 엄마의 아픔이 저, 한 장의 사진 속에 가득합니다. 아마도 대부분은 저 사진을 보고 슬픔을 느낄 것입니다. 그 중에서도 사랑하는 사람을 잃은 경험이 있는 사람들은 저 사진 속에서 애간장이 녹는 쩌릿함을 느낄 것입니다. 지금 광장의 세월호 어머니들의 마음이 이와 같을 것입니다. 이것이 바로 롤랑 바르트가 '이미 일어난 재앙에 전율했다'고 이야기하는 푼크툼입니다. 아마도 전태일의 어머니는 아들을 이렇게 잃지 않았다면 모든 노동자의 어머니로 살지 않아도 되었을 것입니다. 우리나라의 노동운동은 이렇게 시작됩니다.

제가 찍은 사진도 한 장 볼까요? 저도 길담서원에서 청소년들과 수업을 하면서 사진을 찍습니다. 청소년들이 그림을 그리는 순간을 사진으로 붙잡아두는 것입니다. 내맘대로앤e(빨간머리 앤 영어원서로 읽기+

고양이우체부

드로잉) 수업이 4년 정도 되다보니, 초등학교 5학년이던 고양이우체부는 중학생이 되었습니다. 이 사진은 고양이우체부가 열세 살 때 길담서원에서 찍은 사진입니다. 3년이 지난 지금도 사진 속의 모습이 남아 있기는 하지만 키가 훌쩍 크고 얼굴에서도 제법 청소년의 느낌이 납니다.

내맘대로앤e 수업이 끝나고 다른 친구들은 집으로 갔습니다. 고양이우체부는 비가 부슬부슬 내리는 봄밤에 엄마를 기다리면서 길담서원 뜰의 진달래꽃을 그렸습니다. 저는 봄밤에 진달래를 그리면서 엄마를 기다리고 있는 고양이우체부 사진을 보면서 롤랑 바르트가 '그때 거기에 그 사람이 있었다. 그러나 지금 여기에 그 사람은 없다'라는 의미를 생각합니다. 여기서 상상해봅시다. 고양이우체부가 장가를 가고 자식을 낳고 오래오래 살았다고. 그런데 그가 이 세상에 없고 그의 아들이 아버지의 열세 살 때 사진을 들여다보고 있다고……. 이 한 장의 사진 속에는 고양이우체부의 현재와 미래가 들어 있으며, 그 사진을 들여다보고 있는 아들의 현재가 함께 있는 것입니다.

그런데 사진에서의 죽음이란 그 사람의 영원한 죽음을 의미하기도 하지만 사진에 찍힌 그 순간의 죽음이기도 합니다. 즉, 2014년 비가 내리는 봄날, 고양이우체부는 길담서원 앞뜰에 있었다. 그러나 그때 그 모습을 한 고양이우체부는 지금은 없다는 의미입니다. 여기서 그때 그 모습을 한 고양이우체부는 바로, 열세 살 때의 고양이우체부를 말합니다. 이렇게 사진은 더 이상 존재하지 않는 것을 말해주기도 하지만, 존재했던 시간의 순간을 확실하게 말해주는 것입니다.

롤랑 바르트가 생각하는 사진론에서 사진을 찍은 사람들, 즉 알렉산

더 가드너, 신문기자, 이재성은 그리 중요하지 않습니다. 사진을 찍은 사람이 전문가냐, 아마추어냐도 구분하지 않습니다. 그리고 사진에 대해서 논할 때 촬영자의 감정이나 입장은 고려의 대상이 아닙니다. 각도, 구도, 노출, 원근법 등의 형식도 거의 배제합니다. 그리고 공적인 사진이나 풍경사진보다는 사적인 인물사진을 중요하게 생각합니다. 이렇게 바르트는 사진에 대한 이야기를 보는 사람(구경꾼)의 관점에서 전개하고 있습니다.

당시 미술사의 흐름을 보면 작가의 의도를 읽어내려 하였고 평론가들의 해석을 중요하게 여기는 분위기였습니다. 그런데 롤랑 바르트가 사진을 개인적이고 주관적이며 직관적인 측면에서 해석한다고 평론가들은 비판을 했습니다. 그러나 보는 사람, 즉 '구경꾼'의 입장에서 해석했다는 측면에서 신선하다는 평가를 받기도 합니다.

바르트와는 달리 수전 손택은 사회과학적인 면에서 사진을 보았습니다. 이제 수전 손택의 사진비평을 통해서 사진의 또 다른 기능을 알아보겠습니다.

수전 손택, 사진은 방아쇠다 •••

수전 손택은 예술평론가이자 소설가, 극작가, 영화감독, 연극연출가, 사회운동가이기도 합니다. 롤랑 바르트가 사진을 주관적이고 감성적인 측면에서 해석했다면, 수전 손택은 정치·사회적 측면에서 바라보고 있는데 특히 사진의 윤리적인 측면을 중시했습니다.

롤랑 바르트가 사진이란 빛의 작용이 드러내고, 꺼내고, 조립하고,

눌러서 짜낸 이미지라고 표현한 반면에, 수전 손택은 카메라를 남성적인 상징, 폭력적이고 공격적인 도구로 보았고, 사진을 찍는 사람을 방아쇠(trigger)로 표현했습니다. 즉, 카메라에 필름을 끼우고 피사체를 겨냥해서 사진을 '찍는다'라는 말 shoot은 카메라의 버튼을 '누른다'는 의미로 쓰이지만 총을 '쏘다'라는 뜻도 함께 가지고 있습니다. 사냥꾼이 총알을 장전하고(loading) 겨냥하고(aiming) 있다가 총을 쏘아(shooting) 목표물을 맞히듯이, 사진도 카메라로 대상을 겨냥해서 원하는 프레임에 따라 사진을 찍지요(shooting). 이렇게 찍힌 사진은 어떻게 될까요? 카메라의 대상이 된 사진은 복제되고 자유자재로 확대 축소되며 맘에 안 드는 부분은 잘려나가는 등 수정 편집되기도 하지요. 개작하거나 조작하여 다방면으로 활용할 수 있게 됩니다.

수전 손택은 사진 찍기는 피사체를 범하고 약탈하는 행위라고 말합니다. 카메라는 있는 그대로를 포착하여 재현하는 매체라고는 하지만 그림을 그리는 화가처럼 사진을 찍는 사람도 해석하기는 마찬가지입니다. 사람마다 자신이 선호하는 노출방식이 있기 때문에 자신도 모르게 자기의 취향이나 의식이 반영되는 것이지요. 또 프레임이라는 것 자체가 무의식적으로 자기 기준을 드러내는 것이기 때문에 피사체가 된 사람을 소유물로 만들어버립니다. 즉 사진 안으로 약자, 우울한 자, 가난한 자, 죽은 자, 자기 목소리를 내기 힘든 자들이 끌려 들어와 편집되기 때문입니다. 뿐만 아니라 그렇게 사진을 찍은 사진가는 찍힌 사람이 자신이 전혀 본 적이 없는 자신의 모습을 보게 되고 자기 자신에 대해서 절대로 가질 수 없는 생각을 하게 됩니다. 카메라가 총이라면, 누군가를 찍는다는 행위는 '부드러운 살인'입니다. 따라서 사진을 찍는 행위는 절대적인 힘을 가지기 때문에 사진을 찍는 사람의 윤리가 중요합니다.

얼마 전에 한 사진가가 울산의 국립공원에서 소나무 한 그루를 카메라로 찍는데 주변의 소나무가 방해가 된다고 해서 베어버리는 일이 있었어요. 자기 목소리를 낼 수 없는 소나무는 무참하게 잘려나갔습니다. 그 사진을 예술의 전당에서 전시까지 해서 다른 작가들이 항의하는 릴레이 일인시위를 벌이기도 했었지요. 소나무 사진만을 봤을 때, 그 사진의 아름다움을 말할 수는 있겠지만 사진이 생성되는 과정은 굉장히 폭력적입니다. 사람은 누구나 욕망을 가진 존재이지만 그 욕망이 다른 사람에게 해를 끼치지 않도록 그 전 단계에서 멈춰야 합니다. 여러분이 사진을 찍을 때 어떤 것은 찍어도 되고 어떤 것은 안 되는지 생각해볼 필요가 있습니다. 단지 저작권의 문제, 초상권의 문제가 아니라 윤리의 문제라는 겁니다. 혹시 여러분 중에는 자신도 모르는 상태에서 사진이 찍힌 적이 없는지요? 그 사진이 어디서 어떻게 이용될지 몰라 불안한 적은 없었는지 생각해보세요.

수전 손택은 사회운동가이고 페미니스트였기에 사회문제, 전쟁, 약자에 대한 관심을 가지고 사진을 바라보고 있습니다. 그래서 이번에 여러분들과 함께 볼 사진들은 일상적인 사진들이 아니라 전쟁터에서 기자들이 찍은 사진들입니다. 이 사진들을 보면서 이야기를 풀어가 보도록 하겠습니다.

수전 손택은 카메라가 발명된 1839년 이래로 사진은 죽음을 길동무로 삼아왔다고 말합니다. 특히 1차 세계대전 당시 카메라가 일반화되면서 신문이나 텔레비전을 통해 잔혹한 전쟁사진들이 수시로 안방에 전달됩니다. 그래서 사람들은 끊이지 않는 전쟁의 공포에 익숙해져갑니다. 넘쳐나는 전쟁사진은 사람들의 감수성을 마비시키고 분별력을 잃게 했습니다. 반응능력은 떨어졌고 감각은 무뎌졌습니다. 사진 한 장 보겠습니다.

화면 중앙에는 먹이를 찾는 커다란 독수리가 앉아 있습니다. 머리만 크고 몸은 삐쩍 말라 움직일 수조차 없는 굶주린 아이가 먹잇감처럼 놓여 있습니다. 이런 사진은 보면 마음이 아파서 자연히 눈을 돌리게 되지만 참고 가만히 들여다보세요. 어떤 생각이 드나요?

청소년 : 불쌍해요.
청소년 : 사람 같지 않아요.

네, 이 사진이 불러일으키는 감정은 말로 표현하기 어렵지요. 아픔이 날카롭게 마음을 파고듭니다. 두려움, 목마름, 굶주림이 전해집니다.

미국의 사진기자 케빈 카터가 1993년 3월 아프리카 수단의 내전을 찍은 사진이라고 합니다. 이 사진은 《뉴욕타임스》에 실려 전쟁으로 고통받는 수단 사람들의 실상을 미국 사람들에게 알려주었습니다. 그 어떤 기사보다도 리얼하게 보여줘서 국제사회로 하여금 수단에 식량과 의약품을 보내고 구호작업을 하게 했습니다. 그래서 이 30대 젊은 사진기자는 퓰리처상을 받게 됩니다.

사진은 그 이미지의 강렬한 힘으로 전쟁의 참상을 알리고 국제사회의 구조를 이끌어냈습니다. 그러나 그 반대의 힘도 가지고 있습니다.

케빈 카터, 〈수단 아이를 기다리는 게임〉, 1994

"전쟁은 죽음을 부릅니다. 전쟁은 사람의 마음을 황폐하게 하고 경제적 기반을 파괴합니다. 사상의 자유를 억압하고 상상력을 빈곤하게 하며 무지막지한 죽음을 부릅니다. 그래서 사진은 어떤 때는 전쟁을 반대하고 약자를 돕는 역할을 하지만 어떤 때는 사람의 죽음을 앞당기고 조작하는 역할을 합니다."

사진은 은폐된 참상을 불러내서 보여줌으로써 전쟁을 반대하고 평화를 주장하게도 하지만 오히려 복수심을 조장하고 전쟁을 부추기는 데 이용되기도 합니다.

이 사진의 경우, 사진 속의 아이가 죽었다는 것이 알려지자 사진기자는 아이를 구하지 않고 사진만을 찍은 몰지각한 사람으로 취급받게 됩니다. 당시, 수단은 전염병이 창궐하여 현지인과 접촉하지 말라는 규정이 있었습니다. 사진기자는 사진 몇 장을 찍고 독수리를 쫓으려 돌을 던져도 보고 도와줄 사람들을 찾으려고 노력했으나 아이를 구하는 데는 실패하고 말았지요. 그렇지만 사진을 본 사람들은 그러한 사실을 몰랐습니다. 사진기자는 어린 아이를 구하지 못했다는 자책감과 사람들의 비난으로 우울증이 겹쳐 자살했습니다. 한 장의 사진에는 이렇게 여러 면이 존재합니다. 사진 한 장 더 보겠습니다.

이 사진도 퓰리처상을 받았는데요, 에디 애덤스라는 사진기자가 1968년 2월 1일 베트남에서 찍은 사진입니다. 베트콩 포로가 처형당하는 모습인데요. 우리가 이 사진을 평면적으로만 보면, 대단한 순간 포착이라고 생각할 겁니다. 그러나 정작 내막을 알고 보면 너무나 놀랍습니다.

총을 겨누고 있는 사람은 당시 베트남공화국의 국가경찰 총수였던 응우옌응옥로안입니다. 로안 장군은 이 사람이 자신의 부하를 죽였다는 이유로 총살을 하고 있습니다. 로안 장군은 마치 자기의 힘을 과시나 하듯이 포로의 손을 등 뒤로 묶은 채, 기자들이 있는 거리로 끌고 나옵니다. 자기의 옆모습과 죄수의 얼굴이 사진에 잘 찍히도록 세우고 총을 쏩니다. 로안 장군이 방아쇠를 당기는 순간에 기자들은 셔터를

에디 애덤스, 〈사이공에서 베트콩 포로를 처형하는 응우옌응옥로안 장군〉, 1968

누릅니다. 이렇게 죽임과 죽음의 순간은 기록됩니다. 실제로 발생한 죽음을 포착해 그 죽음을 영원히 잊혀지지 않게 만드는 일을 에디 애덤스의 카메라가 했습니다. 사진 자체가 순간을 박제화하고 강력한 힘을 발휘하며 죽음을 기억하라고 외칩니다. 사진은 존재증명이자 부재의 증표이기도 하니까요.

이 사실을 알게 된 우리의 마음은 무척 불편해집니다. 그것은 그 사진이 단순히 현실을 반영하기 때문만이 아니라 의도적으로 보여주는 행위이기 때문입니다. 잔인한 데서 오는 불편함과 함께 조작되고 왜곡되고 변형된 사진에서 오는 분노가 밀려옵니다. 사진도 예술이고 예술 자체가 무엇인가를 변형시키는 창작행위이기는 합니다. 그러나 전쟁과 같이 증거로 남아야 하는 기록사진은 조작하거나 변형해서는 안 됩니다. 피사체에 가야 할 시선을 딴 데로 돌려 기록이라는 사진의 역할을 손상시키기 때문이지요. 그리고 우리는 생각합니다. 거기 그때 기자들이 없었다면, 그 포로는 조금 더 살아 있을 수도 있지 않았을까? 그 당시에 카메라를 든 기자들이 할 수 있는 일이 사진 찍는 일 말고는 없었을까? 상상하게 되고 질문하게 됩니다. 그러나 전쟁의 상황에서는 이런 상상력이 작동할 여지가 없습니다. 오직 가혹하고 잔인한 힘만이 있을 뿐입니다.

전쟁은 이렇게 죽음을 부릅니다. 전쟁은 사람의 마음을 황폐하게 하고 경제적 기반을 파괴합니다. 사상의 자유를 억압하고 상상력을 빈곤하게 하며 무지막지한 죽음을 부릅니다. 그래서 사진은 어떤 때는 전쟁을 반대하고 약자를 돕는 역할을 하지만 어떤 때는 사람의 죽음을 앞당기고 조작하는 역할을 합니다. 총으로만 사람을 죽이는 게 아닙니다. 사진은 우리의 양심을 일깨우는 것 못지않게 우리의 양심을 둔감하게 만들기도 합니다.

시몬 베유는 '반복해서 폭력을 당하는 사람은 숨 쉬는 생생한 인간에서 사물로 변형되어버린다'고 했습니다. 어쩌면 전쟁참전 기자들은 너무 많은 죽음을 보고 들으면서 생각하고 상상하는 능력이 마비되었는지도 모릅니다. 자동적으로 셔터를 누르기만 하는 인형이 되어버린 게 아닌가 하는 생각마저 듭니다. 수전 손택이 사진가의 윤리를 말하는 것은 그 때문입니다. 무엇을 찍을 것인가? 언제 찍을 것인가? 어떻게 찍을 것인가? 사고하고 상상하여 찍어야 합니다.

사진은 카메라 렌즈 앞에 놓인 피사체가 머물렀다 사라져간 흔적입니다. 따라서 사진은 지난 시간을 기록하고 떠나간 사람을 추억하게 해주는 객관적인 기록인 동시에 개인적인 고백이기도 합니다. 따라서 바르트의 어머니 사진들이 액자나 앨범 속으로 들어갔다면, 수전 손택이 언급한 베트콩 포로와 같은 전쟁사진들은 신문이나 잡지, 출판으로 이어집니다. 이렇게 사진은 피사체의 흔적을 수집하여 보존하면서 전쟁과 같은 참상을 고발하는 힘을 가지고 있습니다.

지금까지 살펴본 바와 같이 롤랑 바르트는 사진을 찍는 자, 사진을 바라보는 자, 사진에 찍힌 피사체가 발산하고 있는 환영적 이미지(유령)라는 관점에서 본다면 수전 손택은 찍는 사람의 의도를 중요시하며 객관적인 측면에서 정치적이고 사회적인 도구로서의 사진을 중요시했다는 것을 알 수 있습니다.

수전 손택은 앞에서 이야기한 롤랑 바르트와 앞으로 살펴볼 발터 벤야민이라는 철학자의 영향을 받은 예술평론가입니다. 그럼, 사진에 대한 발터 벤야민의 관점을 살펴보겠습니다.

발터 벤야민, 아우라의 붕괴 •••

발터 벤야민이라는 독일의 철학자는 사진을 역사적 유물론의 관점에서 바라보고 있습니다. 역사적 유물론이란 사회는 경제라는 토대를 가지고 있고 그 토대 위에서 사상, 예술, 문화, 법률, 종교, 도덕 등의 의식 형태가 성립한다는 역사관입니다.

회화나 조각이 귀족들의 전유물이었다면, 문명의 발달로 새롭게 등장한 사진이라는 복제기술은 귀족이나 시민, 모두가 누릴 수 있는 매체였습니다. 벤야민은 세상에 단 하나밖에 없는 회화나 조각에는 그

작품만이 가지는 독특한 분위기가 있는데 그것을 아우라(Aura)라고 불렀습니다. 그런데 사진의 발명으로 누구나 하나밖에 없는 예술작품을 자기소유물로 갖고자 하는 욕구가 드러났고 그것을 사진으로 전유(소유)하고자 하는데 그 과정에서 진품이 갖는 아우라가 사라졌다는 것입니다.

그리고 동굴벽화를 비롯한 전통적 예술작품은 종교적이고 주술적인 제의가치(祭儀價値)에 의미를 둔다면, 복제시대의 예술작품인 사진은 전시가치(展示價値)와 상품가치에 의미를 두고 있습니다. 진정한 예술작품은 태어날 때부터 제의에 근거를 두고 있어서 시공간적으로 범접할 수 없는 신성한 속성을 가지고 있습니다. 예를 들어, 어떤 신상(神像)은 밀실에서 승려들만 접근이 허용되고 어떤 성모상은 거의 일 년 내내 베일 속에 가려져 있으며, 중세 사원의 어떤 조각들은 지면에서는 보이지 않게 되어 있었습니다. 그래서 은밀한 장소에 숨겨 두기를 요구하는데 사진이 발명되면서 이 모든 은밀하고 신성한 속성이 파괴되었습니다. 가려져 있던 신상, 성모상, 조각을 사진으로 찍어 공유하면서 오직 하나밖에 없는 예술작품이 갖는 신성한 아우라가 깨졌기 때문이지요.

이렇게 이미지를 사진으로 생산하게 됨으로써 제의가치는 약해지고 전시가치만 커졌습니다.

원시시대의 동물 그림은 그것들이 보인다는 사실보다 동물들이 존재하고 있다는 사실이 더 중요했습니다. 사자, 호랑이, 들소, 사슴과 같은 동굴벽화는 다른 사람들이 볼 수 있다는 전시가치도 있었지만 무엇보다도 신령들을 위해 바쳐진 그림이었기에 제의가치가 중요한 마법

적 도구였습니다. 이렇게 사진에서 진품이 갖는 독특한 아우라가 사라지고 전시가치가 중요한 기능을 하면서 새로운 예술분야를 열게 되었습니다.

그러나 사진이 발명되면서 바로 제의가치가 사라진 것은 아닙니다. 앞서 이야기한 것처럼 사진이 발명되고 나서 초창기에는 얼굴사진이 대부분이었습니다. 사진이 초상화를 대신할 수 있었던 덕택이지요. 사람들은 사랑하는 사람의 모습을 사진으로 간직하고자 하였습니다. 멀리 전쟁에 참전을 했다거나 죽고 없는 사람을 기억하기 위해 사진을 찍었는데 그러한 사진에서 제의가치를 찾아볼 수 있습니다. 또 얼굴사진에서 순간적으로 나타나는 멜랑꼴리(우울한 감정)하고 그 어느 것과도 비교할 수 없는 아름다움이 아우라로 남아 있는데, 이제 사람의 얼굴사진은 뒷전으로 물러나고 그 자리에 도시의 풍경이 들어오게 됩니다.

도시 풍경의 대표적인 사진작가는 외젠 아제입니다. 그는 카메라의 시인, 다큐멘터리 사진의 선구자로 불립니다. 아제는 선원생활을 했고 배우로도 활동하다 그만두고 사진을 찍으며 파리에서 가난한 사진가로 살았습니다. 매일매일 산책하듯이 파리근교를 돌아다니며 서민층의 풍속과 중세의 건축물, 아케이드 등 몰락하는 19세기와 새로 들어서는 20세기의 풍경을 상세하게 촬영했습니다. 그렇게 찍은 사진들을 화가, 작가, 무대장치인, 애호가들에게 제공했고 출판사, 신문사, 건축가에게도 팔았습니다.

과학기술이 발달하여 파리에서 만국박람회가 열립니다. 유리와 철골구조의 출현으로 파리의 지형지물을 바꿔놓게 됩니다. 경제적으로 잘살게 되고 쇼핑의 개념도 바뀌게 됩니다. 이전에는 시장이나 장인의 가게에서 상품을 구입했다면 이젠 아케이드라는 실외도 아니고 실내도 아닌 공간에서 유리를 통해 구경을 하고 상품을 구입하게 됩니다. 경제가 발전하고 기술이 발달하고 프랑스혁명 등을 거치면서 시민들은 평등의식에 눈을 뜨게 되었습니다. 아제의 사진 한 장 보겠습니다.

아제는 도시를 산책하면서 1900년대 전후 파리의 모습을 마치 범행 현장에 증거 사진을 찍듯이 꼼꼼하게 찍어댑니다. 철골과 유리가 사용된 건축물입니다. 어떤가요? 사진이 차분하게 가라앉아 있지요. 사람은 보이지 않습니다. 화면에서 사람의 모습이 사라지자 완전히 다른 느낌을 줍니다. 저, 소실점 끝을 보세요. 안개가 잔잔히 깔려 있는 것으로 보아 이른 아침 같습니다. 주로 사람이 없는 시간에 사진을 찍어서 그런지 사진 속 굽이진 골목길은 고요하고 아케이드는 텅 비어 있으며 가게는 문이 닫혀 있습니다. 사진 오른쪽 앞에 삼륜차가 보이고 cycles 이라는 간판으로 보아 자전거포 같습니다. 이렇게 사진 속에서 사람들을 지워버린(아우라를 붕괴한) 아제의 사진은 역사적 증거물이 됩니다.

파리는 산업화로 지방에서 많은 사람들이 몰려들자 지저분해지고 시위도 자주 일어났습니다. 구불구불한 골목길이 거미줄처럼 얽혀 있는 곳에서 위생문제가 발생하고 시위가 일어나면 정부에서 진압하기가 힘들었습니다. 〈레미제라블〉과 같은 영화에서도 보면, 집과 집 사이 조그만 골목길에 진을 치고 대항하는 장면들이 나오잖아요. 그래서 파리를 중심에 놓고 방사선 모양으로 도시계획을 시작했는데 이때부터 중세의 아름다운 건축물, 골목길 등이 하나하나 사라지고 아케이드,

외젠 아제, 〈렌가 50번지 드라공 거리, 안뜰로 들어가는 입구〉, 1899

"철학자 발터 벤야민은 지금은 있으나 앞으로 사라질 중세의 건축물을 비롯한 골목길과 새로 들어서고 있는 아르누보 양식의 백화점, 아케이드, 가로등 풍경을 담은 아제의 사진을 중요하게 여겼습니다. 벤야민에게 사진은 20세기 파리를 살면서 19세기 파리를 기억하는 매체였습니다."

철도, 아파트가 들어서기 시작하지요.

그래서 벤야민은 지금은 있으나 앞으로 사라질 중세의 건축물을 비롯한 골목길과 새로 들어서고 있는 아르누보 양식의 백화점, 아케이드, 가로등 풍경을 담은 아제의 사진을 중요하게 여겼습니다. 즉, 마차가 다니던 길에 기차나 자동차가 다니게 되고 병원, 학교, 놀이공원이 들어섭니다. 새로운 것이 들어서면서 먼저 있던 삶의 흔적들을 지우게 되는데 바로 그것을 몽타주하듯이 이미지로 기록하는 도구가 사진이었습니다. 따라서 벤야민에게 사진은 20세기 파리에 살면서 19세기 파리를 기억하는 매체였다고 할 수 있습니다.

앞에서 살펴본 것처럼, 사진이라는 매체를 롤랑 바르트는 개인적이고 주관적인 관점에서 보았고 수전 손택은 객관적이고 사회적이며 정치적인 관점에서 보았다면, 발터 벤야민은 과학기술의 발달에 따라 경제가 발전하고 이에 따라 꽃피는 문화와 예술을 사진이라는 매체가 어떻게 기록하는지를 역사적 유물론의 관점에서 보여주고 있습니다.

지금까지 여러분에게 드린 대부분의 설명은 롤랑 바르트의 『밝은 방』, 수전 손택의 『사진에 관하여』와 『타인의 고통』, 발터 벤야민의 『기술복제시대의 예술작품 사진의 작은 역사 외』에 나오는 이야기입니다. 더 자세히 알고 싶은 분은 이 책들을 참고하시기 바랍니다.

끝으로 여러분이 손에 들고 있는 휴대전화나 카메라로 사진을 찍을 때 한 번 더 생각을 해보라는 말씀을 드리고 싶습니다. 구조나 형태, 프레임을 고민하기 이전에 '나는 왜 찍으려고 하는가, 나는 무엇을 찍으려고 하는가' 질문을 던져보세요. 사진을 찍는다는 것은 롤랑 바르트의 말처럼 지금은 있으나 앞으로 사라질 모습을 기록하는 것이기도 하지만 '사유하기'이기도 합니다. 여러분 주변에서 일어나는 소소한 사건들을 사진으로 담고 느낌이나 생각을 짧은 글로 남겨보세요. 사진에 글을 덧붙이게 되면 여러분이 왜 사진을 찍었는지를 생각하게 되고 사진을 통해 말하고자 하는 의미가 더 뚜렷해집니다. 그럼, 여기서 마치겠습니다.

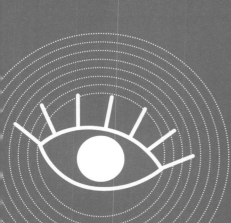

세상을 뒤집어
본다는 것,
상상과 역발상에
관하여

고경일

풍자만화가. 청주사범대 미술교육과에서 서양화를 전공한 후, 일본으로 유학하여 교토세이카대학과 동대학원에서 카툰만화를 공부했다. 교토세이카대학 스토리 만화과 교수(전임강사)를 역임했으며, 현재 상명대학교 만화애니메이션학부 교수로 재직 중이다. 2011년부터 2017년까지 한겨레신문에 〈고경일의 풍경내비〉를 연재했다. 〈구속 미술가 석방전〉(1997, 갤러리인디고), 〈상실된 기억〉(1997, 교토), 〈20세기부터의 선물〉(2002, 코베 청년 학생 센터/일본 기독교회관), 〈고경일 풍자만화전(Can not Upgade)〉(2008, 평화공간 space*peace) 등, 다수의 개인전을 열어왔다. 2007년부터 〈야스쿠니풍자예술단 한일 순회전〉을 한국과 오사카, 교토, 도쿄, 미국에서 선보였다.

저는 어렸을 때부터 그림을 그렸어요. 이 얘기를 하면 '유치원 때부터 그렸냐'라고 사람들이 묻는데요. 아니에요, 저는 서너 살 때부터 발가락에 크레용을 끼고 살았다고 해요. (웃음) 손의 움직임이 자유롭게 발달하지 않아서였는지 발로 그림을 그렸다고 합니다. 그림 그리는 게 그냥 좋았어요. 그림을 그린 아버지의 영향을 받은 건지도 모르겠지만 제 동생들도 미대를 나와서 만화를 그리고 있어요. 이제는 두 아이의 아빠인 제가 딸들과 함께 그림을 그리며 노는데 몇 년 전에는 〈넷이서 우리끼리〉라고 하는 '고경일 가족전시회'를 작게 연 적이 있습니다.

저는 충남 당진이라고 하는 '깡시골'에서 태어났습니다. 제가 1968년생인데, 어렸을 때 우리 마을에는 자갈길 위로 당나귀가 끄는 마차가 다녔어요. 일제시대 때 일본 사람들이 건설한 '신작로'를 터서 훗날 자갈을 깔아놓은 건데, 그 길 위를 다니던 당나귀한테 제 동생이 엉덩

이를 물렸던 기억도 있어요. (청중 웃음) 지금은 천(川)이 거의 사라지다시피 했지만 초등학교에 다닐 적만 해도 천이 참 많았어요. 물이 풍부하고 깊어서 거머리도 많았죠. 그러나 책과 만화책은 귀했습니다. 만화책을 사려면 서울이나 대전 같은 대도시에 가야만 했어요.

《소년중앙》이나 《어깨동무》 같은 교양만화 잡지는 그래도 서점에 들어와 있었지만 흥미로운 단편들은 구입할 수 없었습니다. 그래도 그 시절 어린이들에게 많은 옛날이야기를 읽으며 상상하게 하고 먼 미래의 전망들을 꿈꾸게 했던 것은 '만화 대본소'라고 불렸던 만화방이 있어서 가능했습니다. 얼마나 많이 들락거리고 살았는지 만화 대본소 주인아저씨가 저를 수양아들로 삼겠다고 할 정도였습니다. 어렸을 때는 서울에 대한 동경이 컸지만 지금은 당진에서 자란 게 오늘의 나를 만든 귀한 자산이라 생각해요.

미술대회용 그림은 더는 안 그리겠어! •••

저는 어렸을 때부터 미술학원을 다녔는데 당진 시내 미술학원에서 세 사람이 그림을 잘 그리기로 유명했어요. 저보다 한 살 위인 김부일이라는 형과 동갑 한선현, 그리고 저 고경일, 이렇게 셋이 미술대회에 나가면 상이란 상은 다 휩쓸었어요.

김부일 형과 한선현은 그림을 어른스럽게 되게 잘 그렸어요. 똑같은 크레용을 사용하는데 입체적으로 표현을 잘했다고 할까요? 지금 생각해보면 원근법에 입각해서 무척 사실적인 묘사들을 했던 기억이 납니다. 저는 개구지고 어린이 같은 그림을 그렸고요. 20년이 지나 삼십대

후반이 되어 3인방이 만났는데 셋 다 그림을 그리고 있었어요. 김부일 형은 일러스트레이터와 만화가로 활동하고 있어요. 경제만화 〈틴틴 경제〉를 그리고 직접 스토리를 쓴 작가예요. 한선현은 오로지 조각 작품으로만 모든 걸 걸고 작업하는 조각가, 그리고 고경일 저는 걸개그림에, 풍자화에 만화를 그리는 작가가 됐어요.

세 사람은 모두 미대에 갔습니다. 김부일 형은 국립 공주전문대학, 한선현은 관동대학교, 저는 청주사범대에 들어갔어요. 대학입학 때 셋 다 상심이 컸죠. 모두 홍대나 서울대를 가고 싶어했고, 꼭 갈 수 있을 거라 생각했거든요. (웃음) 한선현은 네 번 홍대 입시에 도전했는데 번번이 미끄러졌어요. 대학 입시 현장에서 '아그리파'라고 하는 조각이 나오면 다들 빛이 들어오는 각도를 상상하고 계산해서 그려내느라 주어진 시험시간 세 시간도 모자랄 판인데, 한선현은 하도 많이 그려서 두 시간 만에 완성을 다 했다고 해요. 결국 데생 실력이 뛰어난 학생을 뽑는 관동대학교 조소과에 입학했지요. 그 후 워낙 그림 실력이 뛰어났던 친구라 홍대 앞에서 미술학원 선생을 하면서 돈을 모아 이탈리아로 유학을 갔습니다. 한선현의 그림을 보고 이탈리아에서는 다들 "한국에서 천재가 왔다!"라고 입을 모아 칭찬했대요. 그런데 2, 3학년이 돼도 한선현은 조각상 그리는 것밖에 못했다고 해요. 주변 이탈리아 친구들은 입학 때만 해도 한선현의 발톱에 때도 안 되는 실력으로 끄적끄적 그림을 그렸는데 2, 3학년이 되자 너무 자유롭게 새로운 것들을 생각해서 그림을 그리더래요. 한선현은 그게 안 잘 돼서 힘든 시간을 보냈죠.

지금 한선현은 한국에서 자기만의 특색 있는 작업을 하고 있습니다. 유치원 시절로 돌아가서 그 시절 그림을 닮은 작업들을 하고 있죠. 한선현은 초등학교 때 그림도 모두 버렸어요. 그때 그렸던 그림도 미술 대회용 그림이었다고 말하더라고요. 지금은 아이의 동심을 가지고 조각과 작품 활동을 하고 있습니다.

저는 한국의 대학을 졸업하고 다시 교토세이카대학에 편입했어요. 가서 보니 제가 일본에서 한국 만화계의 유학 1호가 돼 있더라고요. 졸업하고 일본의 모교 강단에 2년간 섰습니다. 저는 대학 교수와 작가의 길을 같이 갈 수 있다고 생각하고 병행을 했는데, 생각만큼 쉬운 길은 아니었죠. 남을 가르치는 것과 내 작업을 하는 것은 많이 다르더라고요. 교수와 작가 사이의 갈림길에서 보낸 10년 동안 제가 하고 싶었던 작업을 기대만큼 못한 것 같은 아쉬움도 남습니다. 앞으로는 그동안 마음속에 담아온 이야기들을 이야기 만화로 그리려고 준비 중입니다. 20대에 아버지가 돌아가시면서 겪은 일, 아버지의 빚이 상속되어 빚 독촉을 피해 야반도주 한 일, 비디오 배달, 청소부, 주방보조, 술집 웨이터에 이르기까지 여러 종류의 아르바이트를 하면서 겪었던 세상 등, 제 안에 할 이야기가 많습니다. 강단에서 수업을 잘하는 것도 중요하지만 작가는 작품으로 보여줘야 한다고 생각해요. 지금은 상명대학교 만화애니메이션학과에서 학생들을 가르치고 있고요, 한겨레신문에 〈풍경내비〉라는 작품을 연재하고 있습니다.

이야기는 힘이 세다! • • •

여러분 중에 만화를 그리는 친구들이 있다고 들었어요. 창작을 하고 싶어하는 분들도 있고요. 그래서 이 시간에는 만화라는 장르가 무엇이고, 만화 발상법에는 무엇이 있는지 함께 얘기해보려 해요.

여러분은 만화가 뭐라고 생각해요?

청소년 : 그림. 보는 것. 모든 것들을 합칠 수 있는 것. 재밌게 즐기는 것. 생각 없이 보는 것. 이야기를 그림으로 그리는 것.

여러분이 말한 것에서 만화의 특징이 거의 다 나왔어요. 특히 '모든 것을 합친 것'이라고 한 답변은, 놀랍게도 제 일본 스승님이 하신 말씀을 한국어로 그대로 옮은 대답이었어요.

포털사이트에서 '만화'라는 말을 검색해보면 대부분 다음과 같은 답이 나와요. "1. 이야기 따위를 간결하고 익살스럽게 그린 그림. 대화를 삽입하여 나타낸다. 2. 사물이나 현상의 특징을 과장하여 인생이나 사회를 풍자·비판하는 그림. 3. 붓 가는 대로 아무렇게나 그린 그림. 4. 웃음거리가 되는 장면을 비유적으로 이르는 말." 물론 수긍이 가는 내용이지만 조금 더 생각해보면 2퍼센트 부족해요.

만화란 무엇인가를 정의 내리는 것은 생각보다 쉽지 않은데 여러 학자와 만화가들이 의외로 간단한 말로 만화를 설명하고 있어요. 교토세이카대학의 마키노 케이이치 교수는 만화를 "이야기와 연출 그림이라는 내용 안에 무엇이든 빨아들이는 블랙홀"이라고 설명합니다. 마키노 교수는 여러 장르의 내용을 흡수하여 융합할 수 있다는 점에서 만화라는 장르의 가능성을 높이 보고 있어요. 상명대 교수인 만화기획자 겸 스토리 작가 안수철 선생은 만화란 "이야기와 연출과 그림의 만남"이라고 명쾌하게 복잡한 만화를 정의하고 있습니다.

여러 정의를 종합해보면 만화란 "이야기와 그림을 적절한 연출로 표현한 이미지"라고 할 수 있어요. 온몸을 던져 기획하고 스토리를 짜고 연출을 해본 사람들은 알겠지만 만화라는 장르만큼 복잡하고 섬세하고 리얼한 세계도 없어요. 만화라는 장르가 성립이 되려면 '이야기'와 '연출' 그리고 '그림'이라는 3박자가 어우러져야 비로소 완전한 작품을 만들 수 있기 때문에 다른 어느 장르보다도 쉽지 않아요.

그림은 데생을 말하죠. 자기가 생각하는 대로 어떤 캐릭터나 상황을 최대한 효과적으로 그릴 수 있는 능력을 말합니다. 내가 설정한 주인공이 소심하고 오타쿠같이 한 분야에 고집스럽게 열중하는 성격이라면, 그런 모습을 잘 드러내는 캐릭터 그림을 만들어내야겠죠.

연출은 먼저 전체 이야기를 기승전결로 나눠서 큰 얼개를 짠 다음에 이걸 어떻게 효과적으로 물 흘러가듯이 자연스럽고 재미있게 구성할 것인가를 고민해서 이걸 위해 할 수 있는 모든 것을 해요.

이 단계에서는 영화에서의 카메라 워크처럼 우선 칸 나누기, 면 나누기를 고민합니다. 칸 나누기, 면 나누기는 생각보다 굉장히 어려운 작업이에요. 제가 한칸만화, 네칸만화, 단편만화, 이야기만화를 다 경험해봤는데 이야기만화가 가장 힘들었어요. 한칸만화나 네칸만화는 이야기의 호흡이 길지 않기 때문에 스토리텔링이 그렇게 중요하지 않아요. 중요한 건 자기가 전달하고자 하는 내용을 어떻게 효과적으로 전달하느냐, 반전을 어떻게 주느냐에 있죠. 그런데 호흡이 긴 만화는 자기가 납득할 수 있을 때까지 스토리를 짜고 나서 본격적인 그림 작업에 들어가야 해요. 다시 말해 연출을 하고 콘티를 짠 다음에야 데생에 들어갑니다. 미리 이런 작업을 하지 않으면 도저히 좋은 작품이 나올 수 없어요.

호흡이 긴 만화에서, 이야기와 연출이 중요하다는 것을 보여준 만화가가 누굴까요?

청소년 ː (한목소리로) 강풀이요!

딩동댕! 맞아요. 강풀 작가의 작품을 보면 그림은 그렇게 출중하지 않아요. 그런데도 그의 만화가 100만 부씩 팔리고, 영화화가 되고 연극이 될 수 있는 건 스토리의 힘이죠. 그림 못 그리는 건 중요하지 않아요. 강풀 작가는 스토리텔링이 뛰어난 작가예요. 연출 감각이 남다르다는 건데, 콘티를 짜고 연출하는 데 있어서 강풀은 최고예요. 그렇기 때문에 그림이 조금 부족해도 강풀의 이야기에 빨려 들어갈 수 있어요. 강풀은 만화의 3박자 중에서 '그림'을 뺀 나머지, '이야기'와 '연출' 만으로도 얼마든지 사람들을 끌어들일 수 있다는 걸 보여준 작가예요.

제가 재직하고 있는 상명대학교 만화과에서는 신입생을 뽑을 때 스토리만화로 실기시험을 봅니다. 이때 중요하게 보는 게 스토리텔링이에요. 스토리텔링이 60이라면, 그림(데생, 캐릭터)이 40이에요. 이건 그림 실력이 부족해도 이야기가 좋으면 뽑는다는 거죠. 우리 학교 만화과 초창기에는 그림을 70퍼센트 비중으로 중요하게 봤어요. 그런데 그림 실력이 좋아서 합격한 학생들이 나중에 이야기를 만들어내는 걸 많이 어려워하더군요. 그럼 어떻게 해야 스토리를 잘 만들 수 있나요? 비결이 있나요? 이런 질문이 생기지요. 이 이야기는 잠시 후에 자세히 나눠보겠습니다.

만화는 어떻게 탄생했을까? •••

그 전에 우선 만화의 종류에 대해 알아볼게요. 만화의 종류에는 카툰, 이야기만화, 캐릭터, 만화영화 등이 있습니다. 카툰(cartoon)이란 말은 '밑그림', '초벌그림'을 뜻하는 이탈리아어 카르토네(cartone)와 프랑스어 카르통(carton)에서 유래했어요. 두꺼운 종이 위에 빠르게 스케치한 그림을 카툰이라고 불렀죠. 원래 그림을 그린다는 것은 유화를 그린 천 위에 오래 보존할 수 있게 기름을 이용해서 착색까지 한 것을 완성작으로 봤는데, 종이에 그렸다는 것은 그림 수준과는 별개로 장기보존이 안 된다는 이유로 수준 미달 취급을 받았습니다.

19세기 유럽을 중심으로 신문이라는 매체가 빠른 속도가 퍼져나가는데 그때 신문의 한 자리를 차지한 것이 카툰이었어요. 카툰의 첫 형태는 힘 있는 권력자들을 우스꽝스럽게 그린 거친 스케치였습니다. 그래서 그림으로 펀치를 먹이는 것 같다고 해서 1841년 영국에서 세계 최초로 발간된 풍자만화 카툰 잡지 이름이 다름 아닌 《펀치Punch》입니다. 권력자들을 비꼬는, 한방 먹인다는 뜻이죠.

1900년대 전후 영국의 한칸만화는 일본 요코하마에 소개됩니다. 영국 사람들이 잡지 《펀치》를 일본에 나눠줬는데 그 영향으로 일본인들도 《재팬 펀치》같은 잡지를 만들기 시작했습니다. 당시 영국의 만화잡지는 흑백으로 제작되었는데 일본 만화잡지는 컬러로 나왔을 정도로 일본인들의 만화에 대한 관심은 지대했던 것 같아요. 일본 사람들은 처음에 만화를 '펀치'라고 불렀어요. '펀치'가 만화를 뜻한다고 생각했던 거예요.

만화(漫畵)는 일본에서 건너온 외래어입니다. 만화(漫畵)의 일본식 발음, 망가(manga)는 전 세계적으로 통용되는 보통명사가 됐을 만큼 일본의 만화는 독자적인 발전을 이어갑니다. 순수하게 우리말로 만화를 통칭하는 용어는 없습니다. 가장 가까운 말을 찾아본다면 '다음엇지'를 들 수 있는데, 계속 다음으로 넘어가며 이야기를 연결해준다는 뜻이에요.

카툰 자체를 형태상으로 분류한다면, 1컷, 2컷, 4컷, 8컷 등, 컷의 모양으로 나눌 수 있습니다만 카툰은 형태보다는 내용으로 분류하는 것이 일반적입니다. 크게 시사(정치)카툰, 명랑(유머)카툰, 두 가지로 나눌 수 있어요.

카툰 다음으로 설명할 만화 종류는 이야기만화입니다. 이야기만화에는 스토리, 연출, 그림이라는 3박자가 필요합니다. 줄거리가 있는 만화로, 여러분이 보는 웹툰도 이야기만화에 들어가죠. 출판만화나 신문에 매회에 걸쳐 연재되는 만화도 이야기만화입니다. 일본에서는 아시아권의 이야기만화를 망가(manga)라고 표기하려는 움직임이 있었는데 우리나라에서 반대했어요. 한국만화는 일본과는 다른 독자적인 영역이 있기 때문이죠. 한국만화영상진흥원이라는 기구에서는 'K코믹'이라는 용어를 만들어 씁니다. 한편 뉴욕에서 활동하고 있는, 『쥐』라는 작품으로 유명한 아트 슈피겔만이 모든 것을 합칠 수 있다, 믹싱한다는 뜻으로 코믹스(comix)라는 말을 써요.

이야기만화 안에도 K코믹, 코믹스, 극화, 이야기만화, 서사만화, 연재만화 등으로 다양하게 분류할 수 있어요. 성격은 조금씩 다르지만, 서사적 내러티브를 갖추었다는 공통점이 있습니다.

오늘 제가 '철인 28호'가 그려진 티셔츠를 입고 왔어요. 이 '철인 28호'가 그려진 티셔츠는 디자인일까요? 미술일까요? 만화일까요? 저는 만화로 분류할 거예요. 티셔츠는 무수히 많은 종류가 있는데 티셔츠에 뭐가 그려져 있나에 따라 가치가 달라져요. '철인 28호' 만화캐릭터가 그려졌다는 것이 제가 이 티셔츠를 산 이유이기 때문에 저는 이걸 만화로 봅니다.

캐릭터는 본래 등장인물, 성격을 뜻하는 말이에요. 그런데 만화, 만화영화, 게임 등이 하나의 산업으로 부각되면서 단순한 등장인물이었던 캐릭터가 독립된 상품으로 영역을 만들고 있어요. 즉, 작품 속에서만 존재했던 캐릭터가 작품을 떠나서 홀로 그 가치를 인정받기에 이르렀다는 말이에요. 가상공간 속의 캐릭터가 실생활 속으로 뛰어든 셈이지요.

만화라는 장르는 굉장히 많은 것을 믹싱할 수 있습니다. 이런 티셔츠뿐만 아니라 입체물, 건물, 종이, 영화 등 다양한 영역과 합쳐질 수 있어요. 그중 정적인 만화가 동적인 영상물로 변환된 것이 만화영화입니다. 만화가 과학의 발달에 힘입어 변화된 형태가 만화영화임에는 틀림이 없겠지만, 만화영화를 만화의 영역으로 볼 것인지, 아니면 영화의 한 장르로 볼 것인지는 앞으로 논의가 필요한 부분이에요.

고경일, ⟨바쏘바쏘⟩ 연작 중 "약", 2017

"캐릭터를 강조한 에세이 형식의 작품입니다. 주인공 이름은 바소(바느질 소녀의 줄임말)입니다. 작품의 제목은 바쏘바쏘('바느질 소녀 봤소?'라는 뜻)로 매회 에피소드 제목이 붙습니다. 2017년 전후의 정치 상황을 풍자한 이야기 만화입니다."

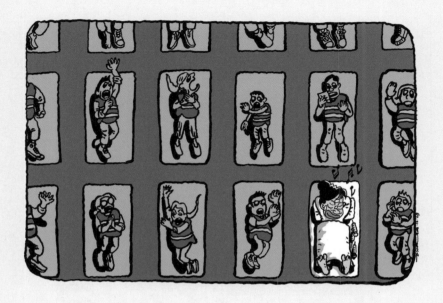

고경일, 〈세월호 7시간〉, 2016

"2014년 4월 16일, 수백 명의 국민들이 가라앉는 배에 갇혀 있을 때 당시 박근혜 대통령이 무얼 했는지 우리는 궁금합니다. 대통령이 어떻게 생명을 구하기 위해 애썼는지, 생명을 구하기 위해 무엇을 했는지 답을 내놓아야 합니다. 박근혜 전 대통령측 변호인단의 답변서는 무성의합니다. 구조인원 파악, 희생자 파악에 관한 내용이 빠져 있습니다. 세월호 7시간 동안 대통령이 무얼 했는지 답을 주지 않아서, 작가적 상상력을 동원해 그린 작품입니다. 만화는 탄생 자체가 권력자들을 향해 던지는 메시지로 시작되었으며 지금도 여전히 그 역할을 해나가고 있습니다."

좀 엇나가는 이야기인데요, 아시아에서 만화와 만화영화가 가장 발달한 나라로 일본을 꼽습니다. 일본에서 세금을 많이 내는 직업군 5위 안에 만화가가 들어갈 정도로 만화가의 소득이 높습니다. 이건 일본 사회가 그만큼 저작권 개념이 확실하고, 저작권 관리를 철저하게 한다는 뜻으로 해석할 수 있어요. 창작자가 고민해서 만든 작품이니까 그 대가를 지불하고 즐긴다는 생각이 일반적이죠. 우리나라에서도 이제 창작물에 대한 저작권 개념이 생겨나고 있습니다. 하지만 불과 몇 년 전만 해도 만화는 당연히 공짜로 본다는 생각이 널리 퍼져 있었어요. 인터넷을 기반으로 한 디지털 시대에 복제가 쉬워지면서 누군가의 창작물을 빠르고 쉽게 공유하고 소모하다 보니 그 가치를 모르게 된 것은 아닌가 하는 아쉬움이 있어요. 하지만 저작권 개념이 없는 사회에서는 좋은 창작물, 좋은 만화 역시 나올 수 없다는 점을 꼭 기억해주었으면 좋겠습니다.

'카툰'은 형태상의 용어이지만 내용에 따라 다양하게 나눌 수 있습니다. 즉 어떤 내용을 담고 있느냐에 따라 '사사카툰', '정치카툰', '스포츠카툰', '성인(adult)카툰', '풍자카툰', '유머카툰' 등으로 구분할 수 있어요. 스토리만화(코믹스) 역시 마찬가지예요. 이런 분류는 정치, 경제, 사회, 스포츠, 연예, 가정 등 시대가 변해가고 문화가 바뀌어갈 때마다 달라질 수 있습니다.

다만 현재까지 만화의 일반적인 분류는 만화를 보는 대상에 따른 분류입니다. 크게 아동만화, 청소년만화, 성인만화로 구분하는 것이 그것입니다. 이 모든 만화는 각 분야의 내용별로 세분화돼요. 순정만화, 기업만화, 전쟁만화, 명랑만화, 스포츠만화(스포츠만화는 또 세분화되어 야구만화, 축구만화, 권투만화, 경마만화) 등으로 나누어지고 요즘엔 음식만화도 등장할 만큼 만화의 주제가 영역을 넓히면서 깊이를 더해가고 있는 추세예요.

또한 만화내용의 시점에 따라 역사만화, 공상과학만화 등으로, 주제형태에 따라 학습만화, 홍보만화 등으로도 나눌 수 있습니다. 어떤 관점에서 분류하느냐에 따라 정형화되지 않고 나누어진다고 볼 수 있어요.

만화를 표현하는 세 가지 방식 •••

만화라는 어의(語意)에는 그림을 과장, 변형, 축소한다는 뜻이 이미 포함되어 있어요. 그러나 실제 만화그림이 얼마나 과장되고 변형되는지에 따라서 만화의 그림체는 세 가지로 나눌 수 있습니다. 실사체, 희화체, 반 희화체가 그것입니다.

실사체는 사실에 가장 근접하게 그리는 그림입니다. 대부분의 서사만화(코믹스)가 이 스타일에 따르고 있어요. 즉, 인물을 대상으로 봤을 때, 등신에 맞게 그리면서 과장이 심하지 않는 경우가 여기에 속해요.

희화체는 인물을 극단적으로 과장, 축소, 변형시킨 그림체입니다. 즉 인물의 경우, 등신을 무시하거나 1~3등신으로 그립니다. 얼굴을 단순하게 표현해서 귀엽고 흡입력, 전달력이 빠른 그림 스타일이죠. 주로 서사만화에서는 명랑만화나 아동용만화에서 많이 쓰이며, 카툰에서도 명랑카툰이나 네컷카툰에 주로 쓰입니다.

반 희화체는 만화체와 실사체의 중간에 해당하는 그림 스타일이에요. 등신이나 표현 방식은 실사에 가까우면서도 표정과 동작은 만화체에 가까워요. 명랑만화에도 많이 쓰이고, 특히 시사카툰에서는 1컷 만평에 가장 많이 쓰이는 스타일입니다.

그러나 이러한 선호는 일반적인 관행일 뿐, 자신이 표현하고자 하는 주제에 맞게 자신의 그림체를 선택하는 것이 중요합니다. 그것은 자신만의 특색과 정체성을 살리는 일인 만큼 본인이 결정해야 할 일이죠.

만화창작, 어떻게 시작해야 할까? • • •

카툰이나 이야기만화를 그릴 때 중요한 것은 뭘까요? 바로 전하고자 (또는 표현하고자) 하는 메시지(스토리)를 어떻게, 어떤 방법으로 표현하느냐입니다.

실제 아마추어 만화가들을 보면, 이런 문제로 고민하는 경우를 자주 보곤 해요. 천부적인 재능을 타고나서 상황을 곧바로 카툰화할 수 있다면 더 바랄 게 없겠지만 그건 이상일 뿐입니다. 기성 만화가 누구나 수많은 훈련을 통해 자기만의 표현방식을 익히고, 그것을 일반화시키는 데에 젊은 날의 대부분을 쏟아왔다고 보면 돼요.

그렇다면 만화를 그릴 때 어떤 방식으로 접근하는 것이 바람직할까요?

• 있는 그대로 표현하라

먼저 "있는 그대로 표현하라"는 것이 제가 권하는 첫 번째 단계입니다. 카툰 표현방식의 가장 큰 두 가지 방식은, 직설적 표현과 비유적 표현입니다. 카툰을 잘 그린다는 것은 이러한 표현에 익숙해진다는 것을 의미합니다. 그래서 저는 표현 연습의 첫 단계로 삽화 그리기 연습을 권하고 싶습니다.

자신이 좋아하는 시(詩)를 써놓고 그 여백에 그 시의 분위기에 가장 합당한 그림을 그리는 것에서부터, 어떤 내용이든지 그 내용에 맞는 그림을 그려보는 것이 좋은 연습이 됩니다. 또 다른 방법은, 신문의 스트레이트 기사나 기획기사에 그림이 삽입된다는 가정 하에 그 내용에 가장 합당하도록 삽화를 그리는 거예요. 처음에는 가장 직설적인 방식으로 한 장의 그림에 그 내용의 가장 핵심적인 부분이 표현되도록 연습합니다.

직설적 표현이 숙달됐다고 생각되면 다음 단계로 그 상황에 가장 적확한 비유적 표현을 하도록 합니다. 이러한 삽화는 그림만 보고도 그 내용을 이해할 수 있을 때 제대로 표현됐다고 할 수 있어요. 따라서 자기가 그린 삽화를 주위 사람을 통해 확인해보는 것도 중요한 절차입니다. 자신은 제대로 표현했다고 생각하는데 주위에서 그 뜻을 알지 못하면 다시 연습을 합니다. 무엇보다도 만화는 커뮤니케이션을 목적으로 하며, 대중과의 교감을 우선으로 하기 때문이에요.

이러한 삽화 그리기는 그림의 표현방식을 다양하게 해주는 장점도 있지만, 이것을 반복하다 보면 어떤 상황이나 내용의 핵심에 접근하는 능력도 키워줍니다. 즉 복잡한 상황이라 할지라도 그것을 분석하고 논리적으로 접근하는 종합적인 판단력을 길러줘요.

여기서 길러진 분석력과 판단력은, 실제 카툰작업을 시작할 때 그 주제를 분석해서 다양한 각도로 표현할 수 있는 능력과 닿아 있습니다. 이러한 능력 위에서 금기와 상식을 파괴하는 만화적 상상력이 결합될 수가 있어요.

• 독자의 입장에서 표현하라

우리는 대화를 하더라도 상대가 누구인가에 따라서 단어선택에서부터 어투 등 표현을 달리합니다. 상대가 어린이일 때는 어린이 눈높이에 맞게, 농부와 얘기할 때는 농부가 알아들을 수 있는 말을 해야 하죠. 이건 의사 전달의 기본입니다.

따라서 만화 역시 자신의 작품을 보아줄 상대가 누구인가를 명확히 설정하고, 그 상대의 감상적 · 지적 수준에 맞게 표현해야만 최대의 효과를 갖습니다. 어떤 작가들은 이런 말을 해요. "나를 이해해주는 단 한 사람의 독자라도 있다면, 난 작품을 하는 것에 보람을 느낄 수 있다"라고. 이렇게 자신의 독창성만을 강조하고 대중과의 영합을 비난하는 소위 '작가주의'적 사고를 가진 작가를 가끔 보는데 저는 여기에 별로 동의하지 않습니다.

만화는 철저하게 대중을 상대로 해야 하고, 메시지를 '전달'하는 데 그 목적을 두고 있기 때문에 결코 대중과 멀어져서는 그 생명을 얻을 수 없습니다. 여기서 말하는 대중과의 관계는 '영합'이 아니라 '교감'이고, 그것은 분명 상업적 천민자본주의와는 구별됩니다.

특히 시사카툰의 경우 막연히 자신만의 생각을 표현할 것이 아니라, 자신의 작품을 보아줄 대상이 20대인가, 아니면 40대인가, 50대인가 등 세대에 따라서, 또는 독자의 지적 수준에 따라서 자신이 그릴 작품의 눈높이를 결정해야 해요. 유머나 웃음 코드도 젊은 세대와 기성세대가 다르고, 사물에 대한 판단의 근거도 세대에 따라 얼마나 다른가요?

• 독자가 생각하지 못한 것을 표현하라

누구나 아는 것, 일반적인 것은 독자 역시 알고 있어요. 단지 그림으로 표현하는 방법을 모를 뿐입니다. 그래서 누구나 생각할 수 있는 내용은 독자에게 호소력을 갖지 못하는 경우가 많아요. 동일한 내용이라 할지라도 색다르게 표현하는 것은 만화의 생명과도 같습니다.

"뒤통수를 맞았다"라는 말이 있어요. 자신이 생각지 못한 일을 당했을 때 주로 쓰는 말입니다. 대부분 좋지 않은 의미로 배신이나 사기를 당했을 때 사용하죠. 앞에서 설명한 '비유법'이 일종의 기만전술이라 할 수 있습니다. 그런데 엄밀히 말해서 문학과 예술의 모든 분야는 고도의 기만전술일 수 있습니다. 그것이 피해를 주기보다는 즐거움과 감동을 주기 때문에 작가는 독자에게 '즐거운 사기'를 칠 수 있는 거죠. 독자의 생각을 배신하고 뒤통수를 때리는 것은 작가의 상상력(창의력)에서 나옵니다.

• 모든 것을 활용하라

인간이 지구상의 모든 동물 중에서 가장 힘이 센 동물도 아니면서 지구를 점령하고 살 수 있는 이유는 무엇일까요? 바로 다른 힘을 빌려서 사용할 줄 알았기 때문입니다. 즉 도구를 사용함으로써 인간이 힘을 가졌던 것처럼, 만화 역시 표현의 도구가 많을수록 그 힘이 커집니다.

상상력을 키우려면 많은 경험과 지식을 쌓아야 합니다. 만화의 도구역시 경험과 지식입니다. 책을 통해 얻었던 간접경험과 지식, 그리고 주위의 잡다한 사례들, 드라마, 영화, 광고, 친구에게 들었던 짤막한 유머 등 모든 것이 만화를 표현하는 도구가 될 수 있습니다. 똑같은 재료를 가지고도 음식 맛을 다르게 내는 일류 요리사의 솜씨처럼, 우리도 주변의 다양한 소재와 경험을 가지고 얼마든지 위대한 작품을 만들 수 있어요.

유머가 주는 카타르시스 •••

만화에서 희화화(戱畵化)는 아주 중요합니다. 희화화란 익살스럽게 웃음이 나오는 그림으로 바꿔지는 것을 말해요.

오락, 곧 웃음과 즐거움은 인간이 지닌 본연의 감정입니다. 인간이 대상과의 만남에서 가지는 감정을 동양에서는 칠정(七情)이라고 하여 희(喜), 노(怒), 애(哀), 락(樂), 구(懼) 또는 애(愛), 오(惡), 욕(欲)으로 분류해요. 이런 많은 감정 중에서 왜 웃음(樂)이어야 하는가는 어떤 감정이 인간에게 카타르시스를 주는가를 살펴보면 명확해집니다.

카타르시스란 종교적으로는 "정화", 의학적으로는 "몸 안의 불순물을 배설한다"는 의미를 가진 단어예요. 아리스토텔레스는 『시학』 제6장 "비극의 정의"에서 비극적 주인공이 보여주는 '두려움'과 '연민'이 어떠한 형태를 통해 '순화'되는 정신적 승화작용이라고 말합니다. 아리스토텔레스의 견해를 따른다면 카타르시스에 도달하는 과정에 '웃음'보다는 '슬픔'이 주효한 것처럼 보입니다. 하지만 일반적으로 '배설'을 통한 몸과 감정의 정화는 '슬픔'의 효과보다는 '웃음'의 효과가 훨씬 더 큰 것 같아요.

우리의 몸은 긴장하게 되면 변비증세가 나타난다거나 해서 배설이 쉽지 않아요. 즉, 정신적인 긴장은 괄약근의 긴장을 초래하는데, 슬픔보다는 웃음이 긴장을 해소시키는 데 효과가 큽니다. 이는 괄약근의 긴장까지 풀어줘서 배설의 카타르시스를 가져옵니다. 즉, 웃음이 마음의 괄약근을 풀어주고 정신적 카타르시스에 도달하기가 훨씬 쉽다는 얘기가 돼요.

그렇다면 '웃음'은 어떻게 만들어질까요? 프랑스의 19세기 말 시인, 보들레르는 "현자나 철학자는 웃지 않는다"라고 했어요. '웃음'이란 인간의 주체성이 깨질 때 발생하는 것이라고 보았기 때문이에요. 보들레르는 '웃음'이란 인간적 주체성을 간직하고 유지하는 현자들과는 상관없는 일반 대중이나 타락한 인간들의 감정으로 치부하고 있죠. 이 견해의 옳고 그름을 떠나서 분명한 것은, '웃음'이란 우리가 일반적이라고 생각해왔던, 또는 당연하다고 여겨왔던 관념, 규칙, 습관, 상식 등의 일관성에 대한 파괴와 일탈에서 나온다는 점이에요.

이러한 현실과 주체로부터의 일탈이 웃음이라면, 만화적 상상력과 웃음은 맥을 같이 한다고 볼 수 있죠. 왜냐면 만화적 상상력이 '웃음'을 만들어내는 과정이기 때문입니다. 웃음은 또 카타르시스와 닿아 있습니다. 이를 위해서 쓴웃음, 잔잔한 웃음, 너털웃음, 그 어느 것이든 웃음은 필요하며, 독자에게 어떤 웃음을 선사할 것인지는 전적으로 작가의 몫이라 할 수 있습니다.

카툰의 생명줄, 경험과 상상 •••

어떤 내용으로 만화를 그릴 것인가는 만화가에게 존재의 이유 같은 질문입니다. 아무리 그림을 잘 그리더라도 내용을 제대로 채울 수 없다면 말짱 도루묵이에요. 만화에서 그림은 그저 도구에 불과할 뿐입니다.

엄밀히 따진다면 문학작품을 표현하는 방식으로 문자가 차용된 것처럼, 만화에서 그림은 표현의 도구일 뿐이며, 단지 문자보다는 독자의 시선을 잡아끄는 흡인력에서 앞설 뿐입니다. 그래서 그림이 조금 부족하더라도 만화의 가치평가는 결국 내용에서 결정된다고 할 수 있어요.

우리 학교 만화과 학생들이 제일 고민하는 게 스토리예요. 스토리를 어떻게 잘 쓸 수 있냐고 그 비결을 묻는데, 제가 해줄 수 있는 건 없어요. 경험을 많이 하는 것밖에는 방법이 없거든요. 자원봉사나 여행을 통해 사회 곳곳을 경험하고, 더 깊이 있게 알아보고 싶은 것은 책을 통해 알아보는 수밖에 없어요. 그것 없이 하늘에서 아이디어가 뚝 하고 떨어지지 않아요. 작가가 되어도 이런 공부와 경험은 평생 계속 해야 해요.

우리는 어린 시절부터 창의력과 상상력을 길러야 한다는 말을 많이 들으며 자라왔어요. 창의력과 상상력은 만화뿐만 아니라 모든 영역에서 아이디어를 만드는 창고이며, 만화의 아이디어 역시 이 창고에서 만들어져요. 그런데 누구에게나 상상력은 있으나 그것을 구체적으로 분석해서 조립하는 능력은 훈련을 통해서 이루어진다고 할 수 있어요.

이런 상상력을 키우는 것이 바로 '경험'이에요. 여러분이 알아야 할 것이, 상상이란 우리가 인지해서 경험한(그것이 직접경험이든 간접경험이든) 내용을 기본으로 해서 생긴다는 점이에요. 즉 아무것도 경험하지 못하고, 듣지도 보지도 못한 갓 태어난 아이에게는 상상력이 없어요. 그저 유전자에 내재된 자료를 토대로 본능적으로 움직일 뿐이에요. 결국 상상력을 키운다는 것은 그만큼의 많은 경험이 축적된다는 것을 의미합니다. 따라서 할 수 있는 한 많은 경험을 하는 것이 만화가의 상상력을 키우는 데 도움을 줘요.

직접 몸으로 부딪치고 깨지면서 알게 된 깨달음은 어떤 앎보다 강합니다. 그러나 우리가 할 수 있는 직접경험이란 한계를 갖기 때문에 간접경험으로 보완해야 해요. 그것을 충족시켜주는 것이 바로 책입니다. 많은 책을 통해서 얻은 지식들은 상상력의 기반이 되는 것이죠. 따라서 만화가가 되고자 한다면 먼저 많은 책을 읽어서 경험을 두루두루 쌓아야 합니다.

여기서 우리는 상상과 망상을 구분할 줄 알아야 해요. '갑자기 하늘에서 돈이 떨어진다.' 이것은 망상이에요. '로또복권에 당첨되어서 돈방석에 앉았다.' 이건 상상입니다. 상상은 지식과 경험에 바탕을 두지만, 망상은 그 근거가 없어요. 둘의 차이는 논리적·현실적 근거가 있느냐 없느냐의 차이입니다. 하늘에서 돈이 떨어져야 할 이유는, '로또'라는 가정이 돈벼락을 가능케 하는 현실적 기반이 됩니다. 물론, 하늘에서 돈이 떨어지는 경우도 있을 거예요. 돈을 실은 비행기가 폭파되었을 경우엔 말이죠. 이 경우는 '비행기와 폭파'라는 현실적 근거가 망상을 상상으로 바꾸어놓았습니다.

만화가 비록 현실세계를 과장하거나 왜곡시킨다고 할지라도, 분명한 것은 현실세계의 리얼리티를 그 기반으로 하고 있고, 또 하지 않으면 안 된다는 것입니다. 따라서 아이디어에 필요한 것은 망상이 아니라 상상이라는 점을 확실히 알고 넘어가고 해요.

상상을 키우는 훈련 • • •

이제 상상을 어떻게 체계화하여 만화의 내용으로 만들 것인지 얘기해 보기로 해요. 유명한 카피라이터에게 어떻게 아이디어를 짜느냐고 물었을 때, 한 가지 사물에 대해서 연속적인 상상을 한다고 말한 것을 본 적이 있어요. 아침 출근길 버스에서 앞에 앉은 승객을 보면서 그 승객에 관한 모든 구체적인 상상, 이를테면 어제 저녁에 술을 마시고 아침에 부인과 말다툼을 벌인 다음 밥도 제대로 먹지 못하고 출근하는……등등, 할 수 있는 모든 상황들을 대입시켜 가면서 상상을 연결시켜 간다는 거예요. 카피라이터나 만화가나 아이디어는 똑같이 중요해요. 실제 앞에 있는 인물이 아니더라도 하나의 상황을 설정해서 상상하는 것도 괜찮은 방법입니다.

두 번째 방법은 끊임없이 의문을 갖는 것입니다. 어린 시절 '왜?'라는 질문을 많이 던지는 어린이가 자라서 보다 창의적이라는 교육학자의 글을 본 적이 있는데 참 맞는 말 같습니다.

'왜 그럴까'라는 의문은 '만약…… 이라면?'이라는 가정까지 수반하는 경우가 많습니다. 그 가정에 대한 답을 스스로의 상상 속에서 만들어낼 수 있다면, 상상력의 창고는 그만큼 넓어질 것입니다. 즉, 우리가 이미 인정하고 있는 자연의 법칙까지도 그 인과법칙을 거꾸로 생각해 보는 데서, 우리가 감히 생각하지 않았던 영역까지 상상을 하게 되는 것이죠.

'하늘에서 비가 내리는데 왜 하늘에서 내릴까? 땅에서 위로 솟구치면 어떤 일이 벌어질까?'와 같이, 이것은 우리들 삶의 관행이나 편견, 관습, 상식 등 당연하다고 생각해왔던 생각을 뒤집어보는 일탈을 의미하기도 합니다.

세 번째 훈련법은 당연한 결과를 스스로의 상상에 의거해서 이미 예측된 결과와 반대로 바꾸는 것입니다. 예를 들어 풀장에서 수구를 한다고 쳐보죠. 당연히 '수구는 그대로 수구로 끝날 것입니다.' 그런데 여기서부터 상상을 해봅시다. 누군가가 바닥의 물마개를 건드려서 갑자기 물이 빠지기 시작하는 겁니다. 어떻게 될까요? 이제부터는 럭비선수가 되겠죠.

초등학교 교과서에 '곰을 만난 친구' 얘기가 있는데, 곰이 나타난 후의 상황을 바꿔볼까요? 죽은 채 누워 있는 친구를 그냥 두고 곰이 사라지는 내용의 결과이지만, 이것을 바꿔보면 얼마든지 다른 결론이 나올 수 있습니다. 즉, 그냥 사라질 줄 알았던 곰이 한참 고민하다가 그 친구를 묻어주고 가는 결과로 만들어보면 어떨까요? 또 동굴 앞에서 "열려라, 참깨" 했는데, 앞의 동굴이 열리는 것이 아니라, 딛고 있는 바닥이 열려서 밑으로 빠지는 것은 어떤가요?

춘향이가 진정으로 사랑한 사람은 방자였다, 라든가 물에 빠진 사람을 구하려고 밧줄을 묶고 뛰어들었는데 밧줄이 짧아서 번지점프가 되는 상황도 결국은 결과에 대한 새로운 해석에서 출발합니다.

마지막으로 말씀드리고 싶은 것은 '상대방의 입장에서 생각하라'는 거예요. 이건 만화적 상상력을 키우는 방식을 떠나서 사회생활에도 필요한 덕목 중 하나이지요. 한자말로 역지사지(易地思之)라고 말하는 이 것은 인간관계에서 상대방에 대한 이해와 배려 차원에서 누구나가 가져야 할 인격도야의 한 과정이기도 합니다.

인간관계에서 역지사지는 나와 관계된 사람과의 관계인데 반해, 만화가에게는 사람뿐만 아니라 만화에 등장하는 모든 대상이 포함됩니다. 대상의 입장에서 생각하는 것, 이것을 보통 '역발상(逆發想)'이라고 말하죠. 쉽게 말해서 지금까지 앞에서 얘기했던 모든 것을 통괄하는 '거꾸로 생각하기'인 셈입니다.

몇 가지만 예로 들어볼까요? 우리는 보통 '새가 노래한다'라고 말하는데, 과연 새가 언제나 그렇게 즐거워서 노래하는 걸까요? 새가 우는 것은 아닐까요? 또 개구리가 우는 것일까요, 노래하는 것일까요?

우리의 생각이란 거의 언제나 인간의 관점, 또는 나의 관점에서의 생각이며, 그것은 우리에게 상식이라는 이름으로 굳어져 있는 생각입니다. 이런 상식에 대한 끊임없는 의문과 파괴에서 아이디어는 시작됩니다.

소통과 상식을 전하는 툴, 만화! •••

21세기는 문화예술 콘텐츠의 시대라고 합니다. 그중에서도 '만화'라는 장르는 이제 '웹툰', '디지털 코믹스' 등의 이름으로 불리면서 빠른 기술의 진보와 함께 세상에 큰 영향을 주고 있습니다. 여러분은 스마트폰과 같은 기기를 통해 자유자재로 언제든지 쌍방향으로 소통하는 세대입니다.

"여기 빈칸의 네모상자가 있습니다. 어릴 적 그림일기를 쓰듯 여러분의 생각과 느낌을 이 빈칸에 채워보세요. 단, 마지막 칸에 독자들이 상상하지 못하는 반전을 주세요. 네칸만화는 기, 승, 전, 결이 아니고 기, 승, 전, 반전입니다. 세 번째 칸까지 전혀 예상하지 못했던 마무리가 네 번째 칸에서 펼쳐져야 합니다. 그래서 어렵지만 그 '반전'이 만화에 재미를 주고 전달하고자 하는 메시지에 여운을 남기게 됩니다."

그래서 더욱 웹툰과 같은 스토리를 소비하고 그 스토리에 반응하고 의견을 내면서 살아가는 것이 당연하고 자연스러울 것입니다. 어른들은 말합니다. 요즘 학생들은 책을 안 읽어서 생각도 없고 버릇없고 세상물정을 모른다고. 이 얘기는 어느 시대에나 있었습니다. 최근에 발굴된 문헌을 보면 이미 2천 년 전의 중국 고대인들도 요즘 것들은 버릇없고 세상물정을 모른다는 대목이 나온다고 하지요.

아마도 미래에는 기술의 진보에 의해 종이처럼 접는 디스플레이나 더욱 구체화된 홀로그램 형태가 책의 기능을 대신할 수도 있습니다. 전 세계 청소년 중에서 우리나라 젊은 친구들이 디지털 미디어 환경에 익숙해져 있고 활용하는 능력 또한 가장 뛰어난 것 같습니다.

여러분 세대에서는 '만화'의 길도 전망이 매우 밝다고 생각합니다. 만화에는 일반적인 출판만화와 웹툰이라고 부르는 디지털 만화가 있는데요, 이 분야에서 만화 작가만 활동하는 게 아닙니다. 웹툰 작가를 견인해내는 프로듀서라는 직업이 있고 작가들을 관리하고 지원하는 웹툰 매니지먼트라는 일도 있습니다. 스토리만 공급하는 스토리 작가는 물론 기획자도 있고요. 게임과 같은 멀티미디어 분야와 연동하여 새로운 형태의 작품을 만들어내는 첨단영역도 있습니다.

이 직업들의 공통점은 '만화'를 기반으로 해서 쌍방향으로 동시에 소통해야 한다는 점입니다. 바로 여러분이 가장 '상식'처럼 생각하는 것이지요. 제가 만화를 권하는 이유입니다!

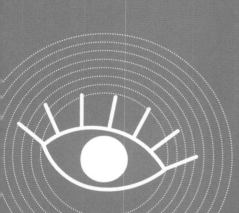

나의 이웃과
친구가 더 나은
세상을 봤으면 하는
마음으로

박성준

서울대학교에서 경제학을 공부했다. 감옥에서 신학 공부를 시작하여 일본과 미국에서 신학과 평화학을 연구했다. 성공회대학교 NGO대학원에서 평화학을 강의하면서 '아름다운가게' 공동대표와 '비폭력평화물결' 대표로도 일했다. 지금은 길담서원 대표이다.

프랑스의 현대철학자 메를로 퐁티에 관한 얘기로 말문을 열어보죠. 메를로 퐁티는 몸의 철학자입니다. 철학의 역사에서 거의 누구도 본격적으로 다루지 않았던 몸을 철학의 주제로 삼아 『지각의 현상학』(1945)이라는 경이로운 대작을 완성한 분이죠. 그는 1961년 53세의 아까운 나이에 세상을 떠났습니다. 1960년 여름 바캉스를 반납하고 한 편의 글을 쓰는 데 온 시간을 바쳤고 이듬해 그 글을 완성하고 얼마 지나지 않아 갑자기 심장마비로 사망한 것입니다. 그 글은 『눈과 마음』이라는 책으로 1964년 세상에 나오죠.

　메를로 퐁티가 『눈과 마음』을 쓸 때만 해도 자신이 이 글을 완성하고 난 다음 세상에 없는 존재가 되리라고는 전혀 알지 못했을 것입니다. 그런데 내가 방금 말한 '세상에 없는 존재'란 말은 문제가 있는 표현입니다. 아니, 문제가 있다니, 어째서? 다들 의아하죠? 나는 오늘 이 얘기를 여러분과 함께 풀어보려 합니다.

떠나간 사람이
남은 사람들의 눈으로 이 세상을 본다면? •••

2,500년 철학의 역사에 정신의 철학자, 이성의 철학자, 마음의 철학자
는 많지만 몸의 철학자는 메를로 퐁티가 유일해요. 그의 마지막 저작,
『눈과 마음』을 중심으로 '눈의 철학'에 한걸음 다가가 보지요.

메를로 퐁티는 『눈과 마음』에서 아름다운 아포리즘을 많이 남겼습
니다. 짧지만 힘이 있는 철학적 명구들이 책 곳곳에 빛을 발하죠. 자,
이 철학적이면서 시(詩)적인 산문 한 대목을 읽어볼까요.

　　　눈은 영혼(l'esprit)의 창문

　　　- 메를로 퐁티

　　　"눈을 통해 응시하는 우리 앞에

　　　우주의 아름다움이 드러난다.

　　　눈은 얼마나 탁월한 것인지.

　　　눈을 잃고 살아야 한다면,

　　　모든 자연의 작품들을 맛보기를

　　　포기하는 셈이 된다.

　　　자연을 눈으로 봄으로써

　　　영혼은 몸이라는 감옥 안에 있는 것에 만족한다.

눈은 영혼에게

창조의 무한한 다양성을 표상한다.

눈을 잃은 자의 영혼은

태양을, 우주의 빛을 다시 볼 희망이 완전히 사라진

캄캄한 감옥 안에 버려진다."★

　그의 사후에 발간된 『눈과 마음』에 찬사가 쏟아졌습니다. 메를로 퐁티는 이 글을 통해서 철학이 시(詩)가 될 수 있다는 걸 보여주었다는 평가를 받았죠. 이 글에 '눈을 잃은 자의 영혼은 … 캄캄한 감옥 안에 버려진다'라는 구절이 있는데, 나는 '눈을 잃은 자'를 '죽은 자'로 바꿔 보았습니다.

　우리는 모두 언젠가는 죽습니다. 누구도 예외 없이 죽음에 이르게 돼요. 저는 "죽은 자가 남아 있는 사람들의 눈으로 본다"라고 생각합니다. 우리는 모두 보고 싶은 것을 다 보지 못하고 이 세상을 떠나지만 남아 있는 자들이 나를 이어서 이 세상을 살아가면서 내가 보고 싶어했으나 보지 못했던 것을 보게 됩니다.

　철학자 니체가 죽고 나서 100년 후에야 사람들은 그의 글을 읽기 시작했어요. 유명한 화가들도 그래요. 화가가 이 세상을 떠난 후 한참 지나서 후대의 사람들이 그의 그림을 보고 행복해해요. 그런데 남아 있는 사람들이 행복해하는 모습을 세상을 떠난 화가가 안다면 기뻐하지 않을까요? 남아 있는 사람들의 눈으로 더 좋아진 세상을 보는 것이 떠

★　　M. 메를로 퐁티, 『눈과 마음』, 김정아 옮김, 마음산책, 2008, 137~138쪽.

나의 이웃과 친구가 더 나은 세상을 봤으면 하는 마음으로
....

난 사람에게는 기쁨이 되고 위로가 되지 않을까요?

이런 질문도 하게 됩니다. 전태일(1948~1970)은 지금 어떤 눈으로 세상을 보고 있을까? 1960년대 전태일의 눈은 청계천 평화시장의 천장이 낮고 실밥과 먼지로 가득 찬 봉제공장 안에서 졸리면 허벅지를 찌르면서 하루 열여섯 시간씩 일하는 누이 같은 여공들을 향했습니다. 그들과 함께 일했던 전태일은 동료 여공들의 아픔과 배고픔, 삶을 세상 사람들이 모르는 것이 안타까워서 그 현실을 세상에 알리기 위해 자기 몸에 불을 질렀습니다. 근로기준법 책을 손에 든 채 달리면서, "근로기준법을 준수하라"고 외치며 영원히 꺼지지 않는 불꽃이 되었습니다. 지금 '눈은 영혼의 창문'이라는 메를로 퐁티의 말처럼 전태일의 영혼이, 그 영혼의 창문으로 내다보고 보고 있는 세상은 어떤 풍경일까요?

작은 창문으로 본 아름다운 것들 •••

저는 13년 반을 감옥에서 보냈습니다. 1960년대, 그 당시 금서였던 『자본론』을 소지하고 있었다는 이유로 15년형을 선고 받았죠. 지금은 역사자료관으로 바뀐 옛 서대문구치소 독방에 있다가 대전 교도소로 이송되던 어느 이른 아침. 그날은 참으로 푸짐한 함박눈이 전국적으로 내려 온 세상이 하얗게 백설로 덮여 있었습니다. 무기형을 받은 일반 죄수 한 사람과 15년형을 받은 정치범 한 사람, 이 두 사람이 하나의 쇠사슬에 묶여 열차에 태워졌습니다. 열차 한 칸에는 죄수 두 사람과 교도관 두 사람뿐이었습니다.

죄수복 차림을 한 나는 창밖의 풍경에서 눈을 뗄 수가 없었습니다. 팔꿈치로 창에 낀 성에를 지워서 창밖 풍경을 바라보다, 또다시 성에가 끼면 닦고 바라보기를 계속했습니다. 덜컹거리며 느리게 달리는 완행열차의 철로 연변에 펼쳐지는 눈 덮인 산과 강과 들판과 시골마을의 풍경은 너무나도 아름다웠습니다. 앞으로 15년 동안 이 아름다운 세상을 보지 못하리라고 생각하며 눈이 찢어져라 바라보았습니다.

대전 교도소에 도착하자 처음 눈에 들어온 것은 젊은 죄수들이었습니다. 죄수들이 우물에서 물을 길어 나르고 있었어요. 긴 막대를 어깨에 짊어지고 물동이를 나르던 젊은 죄수들의 알통이 참 탄탄해 보였죠. 그 장면을 보니 여기도 활기가 넘치는구나, 여기도 사람이 사는 세상이로구나 하는 느낌이 들었습니다.

내가 들여보내진 방에는 창문의 쇠창살 너머에 은행나무가 한 그루 서 있었습니다. 그 은행나무는 동쪽에 서 있어서 서쪽으로 해가 질 무렵이면 석양을 온몸으로 받아서 활활 황금빛으로 빛났습니다. 나는 공장에서 일을 마치고 석양 무렵 방에 들어가면 제일 먼저 창가로 달려가 그 은행나무와 눈을 맞췄어요.

그 시절, 감옥 속에서 내게 영혼의 창문인 눈이 없었다면 그토록 눈부신 은행나무를 볼 수 없었을 거예요. 제가 십여 년을 그곳에서 사는 동안 그 나무는 크고 긴 팔뚝을 사방으로 뻗은 거목이 되어 있었습니다.

교도소 건물 처마 밑에는 엄청나게 많은 참새들이 살았어요. 교도소 주변에는 논밭이 많았고 죄수들의 주식이 콩밥이라 참새들의 먹을거리가 여기저기 널려 있었습니다. 내가 있던 대전 교도소는 일제시대 유관순, 도산 안창호 같은 분들이 수감되었던 감옥이었어요. 그러니 그 참새들은 아마도 그 시대에 살았던 참새들의 자손들이었을 거예요. 그 참새 떼들은, 지평선에 해가 뜨는 새벽 네 시 반 무렵이 되면, 일제히 처마 밑에서 나와 거대한 느티나무인 '당산할매나무'로 날아 올라갔어요. 아마도 지평선의 해를 바라보느라 그러는 것 같았어요. 그것이 그들의 아침 조회였는지도 모르죠. 수천 마리도 훨씬 더 되어 보이는 참새들이 떼창을 하면 지저귀는 새소리가 큰 강물 흐르듯 했는데, 그게 나에겐 거대한 음악으로 들렸습니다. 새들의 합창이 내 혈관 속으로 새벽마다 흘러들어오는 느낌이었어요. 그 소리가 이루 말할 수 없이 나의 삶의 의지를 북돋아주었어요.

  메를로 퐁티는, 앞에서 인용한 글 다음에,

  "눈은 영혼에게
   영혼이 아닌 것 속으로 들어가는
   문을 열어주는 기적을 행한다.
   눈을 통해 영혼(=마음)은
   사물들의 영역에
   그리고 사물들의 신 곧 태양에
   다가갈 수 있다."

라고 썼어요.

  나는 여기서 그가 '사물들의 신 곧 태양에'라고 말할 때, 눈 덮인

시골마을과 은행나무와 참새떼의 합창과 당산할매나무를 떠올리게 돼요.

여러분은 태양이 신이란 걸 알아요? 태양이 없으면 여러분이 지금 여기 있을까요? 태양은 태양계 안에 있는 모든 생명체를 살게 하는 근거입니다. 태양이 잠시라도 빛을 잃으면 우리는 존재할 수 없어요. 태양은 생명의 토대이고, 은인이고, 어버이이고, 할아버지 할머니이죠. 그래서 옛날 사람들은 태양을 숭배했습니다. 너무나 당연한 이치인지도 몰라요. 그런데 모든 존재에게 공평하게 햇빛을 비춰주는 태양신 숭배에 비하면, 지금 우리가 살고 있는 자본주의 사회의 화폐 숭배는 너무나 쪼잔하고 불합리해 보이죠.

나는 세계 속에 있다 •••

잠시 이성의 철학자 데카르트를 살펴보고 갈까요. 근대철학의 아버지로 불리는 데카르트(1596~1650)는 사유하는 나(cogito)가 없으면 세계가 없다고 생각했습니다. 왜? 그에 따르면 세계라는 것은 내 생각이기 때문이죠. "나는 생각한다. 그러므로 나는 존재한다"라는 그의 유명한 명제처럼, 데카르트는 생각하는 존재로서의 나를 중시한 철학자입니다. 내가 생각한다고 할 때, 그것은 내 머릿속 관념으로 있습니다. 이때 나 밖에 있는 존재들, 너, 친구, 사랑하는 사람, 이 세상의 이름 모르는 수많은 사람들, 그리고 자연물, 별, 우주 같은 존재는 나라는 범위 안에 전혀 들어가지 못해요. '나'를 중심으로 생각하는 데카르트의 이런 사유는 세계와 단절되어 있다고 볼 수 있습니다.

이 단절을 메우려고 노력한 철학자가 바로 후설(1859~1938)입니다. 후설은 "인간 존재는(다시 말해 인식하는 주체로서의 나는) 세계를 지향한다"고 말했습니다. 내가 의지로 나 바깥의 존재를, 세계를 원한다는 것이죠. 세계와 관계를 맺으려 한 것이 후설이었어요.

후설에 이어, 그의 제자, 하이데거(1889~1976)는 "인간은 세계 안에 있는 존재"라고 생각했습니다. 내가 세계 안의 존재일 때, 나는 세계를 떠나서는 존재할 수 없어요. 부모, 형제, 친구, 이 세상을 사는 모든 사람들, 동물, 식물, 곤충, 미생물, 자연물……, 이 모든 세계와 떠나서는 나라는 존재는 없는 것입니다. 그래서 하이데거가 생각한 인간에 대한 정의가 바로 "나는 세계 안의 존재다"라는 말이었어요. 이걸 한마디로 줄여서 '현존재(Dasein)'라고 불렀지요.

후설과 하이데거에 앞서 니체(1844~1900)라는 철학자는 신체의 중요성을 선언했습니다. 니체는 그의 잠언집인 『차라투스트라는 이렇게 말했다』의 '신체를 경멸하는 자들에 대하여'에서 다음과 같이 말합니다.

> "어린 아이는 말한다. '나는 신체이자 영혼이다'라고. 어찌하여 사람들은 어린아이처럼 말하지 못하는가? 깨어난 자 깨우친 자는 이렇게까지 말한다. '나는 전적으로 신체일 뿐, 그 밖의 아무것도 아니며, 영혼이란 것도 신체 속에 있는 그 어떤 것에 붙인 말에 불과하다'고."

니체, 후설, 하이데거. 이 세 철학자는 메를로 퐁티가 근대 철학의 '주체-대상 이분법'을 극복하는 데 중요한 계기가 되었습니다. 2,500

년 철학사를 관통하는 것이 주체(subject)와 대상(object), 즉 나와 나 밖에 있는 것을 분리해서 생각하는 이분법이었어요. 그런데 이것을 비판적으로 보기 시작한 니체를 비롯하여 후설, 하이데거의 사상적 영향을 받아 메를로 퐁티는 신체가 감각과 인식에 관여하는 방식을 분석해 나갔어요.

> "데카르트주의자라면 존재하는 세계는 눈에 보이지 않고
> 유일한 빛은 마음의 빛이며, 모든 시(視)지각은 신 안에서 이루어진다
> 고 생각할 수 있다. 그러나 화가라면, (이러한) 주장에 동의할 수 없다.
> 화가는 모든 어려움을 무릅쓰고
> 영혼에 창문이 있다는 신화(神話)를 받아들인다.
> 이 신화에 따르면
> 장소 없이 존재하는 영혼은 몸에 묶여야 한다.
> 몸에 묶임(囚人)으로써
> 영혼이 아닌 모든 것의 비밀과 자연의 비밀을 배워야 한다."★

메를로 퐁티의 글입니다. 우리 마음과 영혼은 몸속에 묶여 있습니다. 그래서 영혼이 세상을 보려면 몸에 있는 눈을 통해서 봐요. 눈을 통해서 가장 잘 보는 사람이 다름 아닌 화가이지요. 화가들이 존재함으로써 우리는 세상을 더 생생하게, 깊게, 절실하게, 진실하게 만날 수 있어요. 그게 아름다운 것이든, 추한 것이든, 개념적인 것이든 말입니다. 화

★   같은 곳

가가 그의 눈을 통해서 세계의 비밀을 캐내는 이 작업은 철학함과 너무나 닮아 있습니다.

> "우리는 (데카르트와 달리)
> 시지각(視知覺)이 가르쳐주는 것을
> 가감 없어 받아들여야 한다.
>
> 시지각이 있어 우리는 태양과 별들을 만지고,
> 시지각이 있어 우리는 모든 곳에 동시에 존재하며,
> 내가 지금 다른 곳에 있다고 상상할 수 있다.
>
> 현실적인 존재들은 그것이 어디에 있건 간에
> 마음껏 떠올릴 수 있는 이 능력은 언제나
> 시지각으로부터 빌려온 능력이다."★

　지금 여러분이 길담서원이 아니라, 여러분의 방 침대에 있다고 생각해보세요. 이 생각은 어디에서 왔을까요? 내가 침대에 있는 나를 보지 않았다면 이런 생각을 할 수 있을까요? 먹구름 뒤에 있는 태양을 보았기 때문에 우리가 마음의 눈으로 그걸 다시 그려볼 수 있듯이, 우리는 눈이라는 카메라를 통해 들어온 것을 생각으로 가공합니다. 눈이 보이지 않는 사람은 시지각이 아닌 다른 감각으로 이런 사실을 인지하겠지

★　　　같은 곳

만, 우리는 일차적으로 시지각을 통해서 이것들을 받아들입니다.

우리는 공영주차장에 세워둔 차를 매번 확인하지 않습니다. 만약 차가 주차장에 있는지 십 분마다 나가서 확인해야 한다면 살 수가 없겠죠. 매순간 확인하지 않아도 시지각이 믿는 것입니다. 내가 주차장에 세워둔 차를 눈으로 봤고, 지금도 거기 있을 것이라고 생각하는 거죠.

여러분, 방학 끝나고 등교하면 학교가 그대로 있었죠? 방학 때 집에 있으면서 학교가 사라질까봐 전전긍긍하지 않았지요? 학교가 그대로 있을 거라고 믿었기 때문이죠. 지금 여러분은 강의를 듣고 있습니다. 그런데 등 뒤의 사람이 여러분에게 무슨 짓을 할지 모르는데 아주 편안하게 앉아 있네요. 불안하지 않아요? 우리가 편하게 이 자리에 앉아 있는 이유는 우리들이 서로 알기 때문이에요. 안다는 것은 먼저 우리가 서로 봤다는 것을 전제로 하지요. 이런 믿음의 근거가 다 시지각 덕분입니다.

영국의 주교인 철학자, 조지 버클리(1685~1753)는 우리가 주차해둔 차를 매번 확인하지 않는 이유를 신이 다 보고 계시기 때문이라고 했습니다. 전능한 신에게 문제 해결을 맡겼어요. 그런데 메를로 퐁티는 버클리처럼 신을 개입시키지 않아도 우리가 서울 길담서원에 앉아 차를 마시면서 시베리아의 자작나무 숲속을 거닐 수 있다고 믿었습니다. 그것은 우리에게 시지각이 있기 때문입니다. 이것이 바로 메를로 퐁티가 말한 '동시성' 개념입니다. 내가 여기 있으면서, 같은 시간에 차도 거기 존재한다는 것, 내가 여기 있으면서 다른 곳에 있는 차를 동시에 마음속에 떠올린다는 것, 이것은 시지각에서 빌려온 능력입니다.

우리는 지금 여기 있으면서 태양과 별들을 만질 수 있고, 시베리아

"우리는 지금 여기 있으면서 태양과 별들을 만질 수 있고, 시베리아의 자작나무 숲속을 거닐 수 있고, 내가 아닌 다른 존재들을 마음껏 떠올릴 수 있습니다. 마음의 창인 눈을 통해 다양한 존재들과 연결될 수 있고, 세계 밖으로 확장할 수 있는 것이 우리 인간의 놀라운 능력이지요."

의 자작나무 숲속을 거닐 수 있고, 내가 아닌 다른 존재들을 마음껏 떠올릴 수 있습니다. 메를로 퐁티는 세계 밖으로 확장되는, 다양한 존재들과 연결되는 마음의 창인 눈을 지닌 것이죠. 공간을 초월해 어떤 존재들을 떠올린다는 것은 사유하는 나(cogito)가 없으면 세계도 없다고 말했던, 데카르트의 나 중심 사고와는 차원이 다릅니다.

눈이 우리에게 보여주는 것들 • • •

잠시, 휴식을 취할 겸 여러분들이 좋아할 만한 이야기를 들려줄게요.

The Love Letters 러브레터

Ming-fu and Lee met at a party. 밍푸와 리는 파티에서 처음 만났다.

For Ming-fu it was love at first sight. 첫눈에 밍푸는 사랑에 빠졌다.

"Hello." He said to Lee. "I'm Ming-fu." "안녕, 난 밍푸야." 그가 리에게 말했다.

Lee looked at him and smiled. 리는 그를 보고 웃었다.

"Hi," she said "I'm Lee." "안녕, 나는 리야."

Ming-fu and Lee laughed and talked all evening. 밍푸와 리는 웃으며 밤새 얘기를 나눴다.

When they left the party, it was 2 A. M. 파티장을 나왔을 때 시간은 새벽 2시였다.

For the next year, Ming-fu and Lee were together every

weekend. 다음 한 해 내내 밍푸와 리는 주말마다 함께 시간을 보냈다.

They went everywhere together-to movies, to parks, to museums and to restaurants. 영화관, 공원, 미술관, 레스토랑, 어디든 둘은 함께 갔다.

One night, at a romantic restaurant, Ming-fu asked Lee. "Will you marry me?" 어느 날 밤, 분위기 좋은 레스토랑에서 밍푸는 리에게 물었다. "나와 결혼해줄래?"

"No," Lee answered. "I'm not ready to get married." "아니, 나는 아직 결혼할 준비가 안 됐어." 리가 답했다.

"I can't believe it!" Ming-fu thought. 'Lee doesn't want to marry me! But I love her! What can I do?' '믿을 수가 없어! 리가 나와 결혼을 하고 싶어 하지 않다니. 그런데 나는 그녀를 사랑해! 어떻게 해야 하지?' 밍푸는 생각했다.

Ming-fu began writing love letters to Lee. 밍푸는 리에게 사랑의 편지를 쓰기 시작했다.

Every day he wrote a letter and mailed it to her. 하루도 빠지지 않고 매일 그녀에게 편지를 쓰고 부쳤다.

"I love you." He said on his letters. "Marry me." "나는 널 사랑해. 결혼해줘." 밍푸는 편지에 썼다.

Every day the same mailman delivered Ming-fu's letters to Lee.

매일, 같은 우체부가 밍푸의 편지를 리에게 배달해주었다.

The mailman always smiled when he gave Lee a letter. 우체부는 언제나 웃는 얼굴로 리에게 편지를 전해주었다.

Another letters from your boyfriend, he said. 그리고 이렇게 말했다. "오늘도 남자친구가 보낸 편지가 왔습니다."

Ming-fu send Lee a love letter every day for two years, 700 letters all together. 밍푸는 2년간 매일같이 리에게 사랑의 편지를 보냈다. 모두 700여 통의 편지였다.

Finally Lee said, "I'm ready to get married now." 마침내, 리가 말했다. "나, 이제 결혼할 준비가 됐어."

Did Lee marry Ming-fu? 리는 밍푸와 결혼을 했을까?
No, she didn't. 아니다.

She married the mailman who delivered Ming-fu's letters. 리가 결혼한 상대는 밍푸의 편지를 전해주던 우편배달부였다.*

우째 이런 일이? 왜 밍푸는 리의 선택을 받지 못했을까요?

청소년 : 리가 우체부를 매일 봐서 더 마음에 들어오지 않았을까요?

★　　　샌드라 헤이어(Sandra Heyer), 『신문으로 보는 진짜 이야기 3(True stories in the News 3)』, 롱맨(Longman), 2007.

나의 이웃과 친구가 더 나은 세상을 봤으면 하는 마음으로
. . . .

청소년 : 밍푸가 리를 진정 사랑한다면, 우체부한테 편지를 배달하게 하지 않고 직접 리를 보러 갔을 거예요.

비속하게 표현한다면, 현금이 수표보다 낫다? 눈앞에 있는 남자가 보이지 않은 남자보다 낫다? 이런 말이지요. 어쩌면 밍푸의 편지 속 사랑의 표현들은 그 편지를 매일같이 전해주는 우체부에 대한 느낌을 강화시켜주었는지도 모릅니다. 편지 속 사랑의 말들, 사랑의 고백들은 밍푸가 아니라 눈앞에 현실로 존재하는 사람, 미소 짓는 건강한 남자, 바로 우편배달부와 오버랩된 것은 아닐까요?

청소년 : 리는 같은 말, 같은 메시지가 담긴 편지가 지겨웠던 게 아닐까요?

리는 밍푸의 편지에서 자신을 향한 사랑을 느끼지 못했을 거라는 의견이에요. 밍푸가 어떤 내용의 편지를 썼길래 리의 마음이 움직이지 않았을까요? 아마도 밍푸의 편지들은 추상적이고 보편적인 사랑의 언어로 쓰였을 가능성이 높아요. 그러나 사랑의 언어란 둘만의 구체적이고 경험적이고 개별적인 언어로 쓰여야 가슴에 와 닿습니다. "오직 나는 너만을"이라는 메시지가 상대에게 전달되어야 하죠. 남들이 다 하는 보편적인 언어로 사랑을 속삭이면 잘 닿지 않아요.
반면, 매일 한 번씩 눈앞에 나타나 웃으며 편지를 건네주는 남자, 착하고 건강하고 성실한 이 남자는 편지 속 남자보다 더 짙은 인상과 신뢰를 주었던 것이 아닐까요? 신뢰란 이 사람과 일생을 같이할 수 있겠다는 믿음입니다. 우편배달부가 준 신뢰는 눈이 우리에게 말해주는 신뢰예요. 화폐가치나 사회적 지위나 학벌로는 보여줄 수 없는 진정한 신뢰이죠.

눈은 이렇게나 대단해요. 내가 누군가를 사랑할 것인가를 정하는 데 눈이 결정적인 역할을 했잖아요. 어때요? '눈'은 생각보다 심오하고 강력한 데가 있는 것 같죠?

아직 없는 세계를, 지금 여기에서 상상하다 •••

내 생각에, 눈에는 세 가지 종류가 있는 것 같아요. 그것을 눈의 삼각형이라 한다면, 첫 번째 꼭지점에는 사랑과 아픔(측은지심)을 느끼는 눈이 있습니다. 고대 그리스에서는 사랑의 종류를 어머니의 사랑 같은 조건 없는 사랑을 '아가페(agape)'로, 우정과 우애를 '필리아(philia)'로, 남녀간의 육체적이고 열정적인 사랑을 '에로스(eros)'로 구분해서 봤는데, 눈은 사랑만 느끼는 것이 아니라 아픔도 봅니다.

아픔을 보는 눈, 이것은 연약한 존재, 어려움에 처한 사람들을 살펴보는 눈입니다. 어려운 처지에 있는 동료 노동자를 생각하며 고공 크레인에 올라간 김진숙 선생님이나, 배를 곯으며 일하는 여동생 같은 여공들에게 집에 갈 자신의 차비로 풀빵을 사서 주었던 청년 노동자 전태일. 이분들이 지닌 눈이 바로 사랑과 측은지심을 느끼는 눈입니다. 이 눈이 없으면 예수도 마르크스도 없었을 테지요.

루카 복음서에는 선한 사마리아인의 눈 이야기가 나옵니다. 바쁜 길을 서둘러 가던 그 사마리아인은 길가에 쓰러져 신음하는, 강도 만난 사람을 못 본 체 지나가지 않고 그를 도와 생명을 건져줍니다. 복음서에는 예수께서 무리를 보시고 "측은히 여기셔서"라는 말이 자주 나옵니다. 그리스어로 하면 스플랑크니조마이($\sigma\pi\lambda\alpha\gamma\chi\nu\acute{\iota}\zeta o\mu\alpha\iota$)라는 말인데, 여기서 스플랑크논은 우리 몸속의 창자, 내장이라는 뜻입니다. 우리말에도 애가 닳다, 애끓다, 애가 끊어진다는 표현이 있는데 이때의 애가 바로 창자입니다. 오죽 아프면 창자가 끊어지듯 느낄까요? 인생을 살아가다 보면, 그리고 사랑을 하다 보면 그런 아픔을 느낄 때가 옵니다. 편안하게 아무런 아픔 없는 그런 사랑은 없어요. 진정한 사랑은 아픔을 동반합니다.

두 번째는 예술가의 눈입니다. 심미안(eye for beauty), 아름다움을 느끼는 눈입니다. 이 눈이 없으면 세상을 사는 재미가 없어요.

세 번째는 설계사, 건축가, 과학자의 눈입니다. 이 같은 이성, 논리의 눈이 없으면 세상이 돌아갈 수 있을까요? 후쿠시마 사태 이후 핵발전소 문제가 우리의 눈앞에 현실로 드러났습니다. 핵발전소를 만든 것은 과학이지만 그 문제를 해결하는 데도 과학이 필요합니다. 이명박 전 대통령의 4대강 사업으로 강물이 녹조를 띤 호수가 되어버렸습니다. 그건 강이 아니죠. 강물의 흐름을 되살리려면 과학자의 도움이 필요합니다.

여러분, 유토피아란 말 알죠? 어디에도 없는 이상(理想)의 나라나 이상향을 가리키는 말입니다. 이 말은 참 재밌는 데가 있습니다. 유토피아를 뜻하는 nowhere란 말은 원래 no-where이지만 띄어쓰기를 달리하면 now-here가 됩니다. 미래의 나는 아직 존재하지 않습니다.(no-where) 그러나 그 가능성은 지금 여기에 존재합니다.(now-here) 다시 말해 씨앗, 묘목, 어린나무 같은 나를 보며 미래의 거목을 바라볼 수 있습니다. 그 미래는 아직 존재하지 않지만 지금 여러분 속에 하나의 가능성으로 존재합니다.

'no-where'를 'now-here'로 전환할 때 지금 여기에 있는 나의 힘이 됩니다. now-here(지금 여기에)와 no-where(아직 없음)은 치열한 현실비판과 미래에의 뜨거운 희망을 함축합니다.

우리는 지금 존재하지 않는 것에 대해서 생각합니다. 우리에게 왜 마땅히 있어야 할 좋은 교육과 학교가 존재하지 않을까? 우리가 만들고 그려야 할 교육은 어떤 모습일까? 고민하지요. 이것은 교육의 미래, 학교의 미래를 설계하는 작업이 될 테지요. 아직 존재하지 않는 미래의 학교를 그리기 위해서는 먼저 현실의 학교에 대한 치열한 비판이 있어야 합니다. 그 비판은 미래에 있을 아름다운 희망을 그리는 작업이 될 것입니다.

그러니 이렇게 말하면 좋겠네요. '철학은 'now-here'(지금 여기)를 비판적으로 성찰하며, 지금 여기의 나를 반성한다. 그러나 또한 동시에 'no-where'(아직은 없는 세계)를 그린다. 미래의 나를 꿈꾼다.' 그런 의미에서 유토피아(no-where)란 말은 자유와 혁명의 언어라고 말하고 싶습니다.

지금까지 들려드린 말은 이 한 문장으로 설명할 수도 있습니다. "미래가 현재를 이끈다.(No-where leads now-here)" 어느 가난한 집 아이가 공부를 잘하면 그 아이의 미래가 그 집안의 등불이 됩니다. 노인의 경우, 아직 오지 않은 죽음이 그의 현재에 막대한 힘과 영향력을 행사합니다. 저의 철학 공부가 그렇습니다. 칠십이 넘은 나이에 독일어, 프랑스어를 배우며 철학을 공부하고, 철학을 전공하지 않은 제가 감히 여러분 앞에서 이런 강의를 할 수 있는 것은 곧 다가올 죽음이라는 미래가 나에게 주는 희망 때문이에요.

"철학자들은 지금까지 세계를 여러 가지로 해석해왔다.
그런데 정작 중요한 것은 세계를 변화시키는 것이다."
– 마르크스

마르크스나 예수는 세계를 변화시키는 눈을 지닌 존재였습니다. 그 것은 사랑의 눈이기도 하죠. 그들의 눈은 무엇을 보았던 것일까요?

우리의 몸에 영혼(마음)의 창문인 눈이 달려 있다는 것은 축복입니다. 몸이라고 하는 틀(감옥)에 갇혀 살지 않고 지금 여기를 넘어 아직 오지 않은 세상을 바라볼 수 있는 것도, 내가 아닌 세상 밖의 어떤 존재들을 떠올리고 같이 아파하고 기뻐할 수 있는 것도 눈이 우리에게 주는 선물입니다. 여러분 한 분 한 분에게 묻고 싶습니다. 영혼의 창문인 눈으로 지금 어떤 세상을 보고 있습니까? 어떤 세상을 꿈꾸고 있나요? 무엇보다도 여러분이 놀라워할 줄 아는 눈, 사랑과 아픔의 눈으로 세상을 보기를 바랍니다. 이제 질문을 받아보지요.

청소년 : 만약 선생님이 사랑하는 사람에게 편지를 쓴다면, 어떤 글로 유혹을 하셨을 것 같으세요?

박성준 : 비법을 알면 써먹으려고요? 남에게 빌리는 말로는 마음을

"우리는 모두 언젠가 죽습니다. 저는 죽은 자가 남은 사람들의 눈으로 본다고 생각합니다. 우리는 모두 보고 싶은 것을 다 보지 못하고 이 세상을 떠나지만 남아 있는 자들이 나를 이어서 이 세상을 살아가면서 내가 보고 싶어했으나 보지 못했던 것을 보게 됩니다. 남아 있는 사람들의 눈으로 더 좋아진 세상을 보는 것이 떠난 사람에게는 기쁨이 되고 위로가 되지 않을까요?"

움직이지 못해요. 제가 군대에 있을 때 편지를 대신 많이 써줬습니다. 대필 요청을 많이 받았어요. 그런데 그런 대필 편지를 쓰면, 나오는 말이라고는 추상적이고 보편적인 말밖에 없어서 다 실패해요. 자기 말로 써야 상대에게 진심이 닿아요. 진짜 사랑하는 사람이 생기면, 진정한 말이 떠오를 테니까 걱정하지 말아요.

청소년 : 우리는 모두 죽음에로 이르는 존재라고 하셨어요. 선생님께서는 삶의 마지막 순간에 무엇을 보고 싶으신가요?

박성준 : 저는 매일 죽는 날을 생각해요. 그럴 수밖에 없는 게 그게 나한테 다가오는 현실이기 때문에 그 현실에서 눈을 뗄 수가 없어요. 아침에 세수할 때 세면대 앞 거울에 비친 내 모습을 봅니다. 오늘도 거울로 저를 봤습니다. 그 모습이 한 달 전하고 또 달라요. 노인은 매일매일 모습이 달라요. 마지막 순간을 어떻게 보낼 것인가, 나는 늘 상상합니다. 시나리오도 만들고 있어요.

오늘 강연에서 저는 '죽은 자의 눈은 누구의 눈으로 세상을 보는가'라는 질문을 던졌습니다. 나의 답은 '그대들의 눈으로 볼 것이다'였어요. 제 마음이 그렇습니다. 나는 여러분의 눈으로 이 세상을 보고 싶어요. 지금은 존재하지 않는 더 나은 세상을 여러분 눈으로 보고 싶어요. 그래서 길담서원도 꾸리고 있어요. 길담서원을 해서 돈은 많이 못 벌어요. 돈 벌려고 하는 일은 아니지만, 꼬박꼬박 월세도 내야 하고 현실적인 문제가 있죠. 그런데 여러분의 눈으로 보게 될 더 나은 세상을 생각하며, 여러분이 더 나은 세상을 봤으면 하는 마음으로 길담서원을 하고 있습니다.

나는 장례식을 죽기 전에 할 거예요. 가능하면 길담서원에서요. 이곳 길담서원은 40명 정도밖에 들어오지 못해요. 최소한의 초청장만 보내서 그들과 시간을 보내고 싶어요. 어느 소설에 나온 이야기처럼요. 『모리와 함께한 화요일』의 주인공은 병을 앓아서 침대에 누워 있습니다. 베개를 높이 대줘서 찾아오는 친구들 얼굴을 보고 인사를 나누죠. 그리고 얼마 후에 죽어요. 나도 그런 장례식을 하고 싶습니다. 그때 여러분도 꼭 보고 싶습니다.

나의 이웃과 친구가 더 나은 세상을 봤으면 하는 마음으로

그림 출처

나는 무슨 일 하며 살아야 할까?

이철수 · 박현희 · 송승훈 · 배경내 · 하종강 지음
철수와영희 | 244쪽 | 12,000원
학교도서관저널, 책따세, 아침독서, 서울시교육청, 경남교육청 추천도서

'나는 무슨 일을 하며 삶이라는 미완성의 작품을 완성시켜 가야 하나?'라는 질문에 대해 청소년들과 함께 해결책을 찾아보려는 시도를 담고 있다. 직업 선택, 교과서 문학 작품에 나타난 노동 이야기, 청소년 노동 인권 등을 주제로 중 · 고등학생들이 꼭 알아야 할 일과 노동에 대한 이야기를 담았다.

몸, 태곳적부터의 이모티콘

이유명호 · 장회익 · 달가 · 변혜정 · 전희식 · 안성찬 · 조광제 지음
궁리 | 328쪽 | 13,000원
아침독서, 문화체육관광부, 대한출판문화협회 추천도서

영혼과 육체가 자라나는 10대에게 절실한 것은 몸의 교육이다! 몸 쓸 일이 거의 없이 살아가는 청소년과 함께 나눈 몸 이야기. 세상 모든 사람들의 고향인 어머니의 몸에서부터 나이 들어가는 몸, 40억 년 지구의 역사가 아로새겨진 나의 몸, 무한한 가능성을 지닌 청소년의 몸에 이르기까지, 몸의 가치와 의미를 다양한 각도에서 성찰했다.

나에게 돈이란 무엇일까?

이시백 · 제윤경 · 박성준 · 박권일 · 강신주 · 송승훈 지음
철수와영희 | 240쪽 | 12,000원
학교도서관저널, 아침독서, 전국독서새물결모임 추천도서

'나에게 돈이란 무엇일까?' 라는 질문을 통해 자본주의 사회에 살면서 돈에 휘둘리는 삶을 살 수밖에 없는 현실에 직면해 있는 청소년들과 함께 돈의 본질과 돈의 작동원리 그리고 돈의 지배로부터 벗어나 돈의 주인으로 살 수 있는 창의적이고 새로운 방법들을 찾아본다.

나는 어떤 집에 살아야 행복할까?

고제순 · 서윤영 · 노은주 · 이재성 · 조광제 · 손낙구 지음
철수와영희 | 232쪽 | 13,000원
문화체육관광부 우수교양도서, 아침독서, 한우리독서문화운동본부 추천도서

'나는 어떤 집에 살아야 행복할까?'라는 질문을 통해 사람과 삶을 중심에 두고 집의 의미를 찾아보려는 다양한 이야기를 담고 있다. 청소년들과 함께 역사적 · 건축학적 · 철학적 · 사회적 측면에서 집을 입체적으로 조명하며 '나와 우리의 이야기를 만드는 공간인 집'을 만들기 위한 이야기를 담았다.

세상을 담은 밥 한 그릇

주영하 · 송기호 · 문성희 · 이명원 · 박성준 · 정대영 · 김은진 지음
궁리 | 248쪽 | 13,000원
아침독서, 대한출판문화협회 추천도서

내가 먹는 음식은 어떤 과정을 거쳐 우리 집 식탁에 왔을까? 왜 어떤 사람은
배부르게 먹고 다른 누군가는 굶주림에 허덕이는가? 식량자급률은 왜 중요할
까? 몸에만 밥이 필요할까? 영혼을 위한 밥은 필요 없을까? 한 그릇 '밥'에 담
긴 자연과 이웃과 세상 이야기.

나에게 품이란 무엇일까?

윤구병 · 이현주 · 이남희 · 이계삼 · 유창복 · 박성준 지음
철수와영희 | 216쪽 | 13,000원
한국출판문화진흥재단, 아침독서, 학교도서관사서협의회 추천도서

청소년들에게 '왜 나는 더불어 살아야 하는지', '더불어 살려면 어떻게 해야 하
는지'에 대한 이야기를 들려준다. 저자들은 각자의 자리에서 '작은 진지'를 만
들자고 이야기한다. 학연이나 지연을 넘어선 가치관을 공유하고 평등한 관계
를 지향하는 새로운 공동체를 만들자고 말한다.

세상을 바꾸는 힘

조영선 · 하승수 · 김두식 · 하승창 · 박성준 · 고병권 지음
궁리 | 224쪽 | 13,000원
아침독서 추천도서

왜 다수의 학생은 학교폭력을 보고도 침묵할까? 국가권력이 잘못된 방향으로
나아갈 때 시민은 무엇을 할 수 있을까? 왜 우리는 힘없고 소외된 자들에게 작
은 힘이라도 보태야 할까? 철학하는 삶이 어떻게 세상을 살아가는 힘이 된다
는 걸까? 부정적인 힘뿐만 아니라 나와 세상을 바꾸는 작지만 따뜻한 힘에 대
해 살펴본다.

나는 어떤 삶을 살아야 할까?

홍세화 · 이계삼 · 조광제 · 안철환 · 박영희 · 노을이 · 정숙영 지음
철수와영희 | 232쪽 | 13,000원
학교도서관저널, 아침독서, 학교도서관사서협의회, 전국학교도서관사서협회 추천도서

'내 삶의 주인으로 '좋은 삶'을 살 수 없을까?'라는 질문에 대한 철학자, 사회운
동가, 시인, 심리 상담사 등 여러 분야의 전문가들의 이야기를 담았다. 내 삶의
주인이 되는 법, 타인과 함께하는 삶, 자연을 통해 배우는 삶 등 "나와 내 이웃
의 행복하고 조화로운 삶"을 이루기 위한 내용들을 담고 있다.

눈, 새로운 발견

김융희 · 손현철 · 홍순명 · 이재성 · 고경일 · 박성준 지음
궁리 | 232쪽 | 15,000원
책마세, 아침독서, 한국출판문화산업진흥원, 학교도서관저널 추천도서

나는 어떤 눈으로 세상을 볼 것인가? 눈으로 보는 게 전부일까? 마음에도 눈이
있을까? 저마다의 위치에서 자신의 관점을 세워나갈 청소년들을 위한 눈의 철
학, 미학, 과학, 예술 이야기. 세상을 보고 느끼고 깨달은 바를 글로, 그림으로,
만화로, 사진 등으로 '표현하는 사람들'을 만나다!

눈, 새로운 발견

나는 어떤 눈으로 세상을 볼까?

1판 1쇄 펴냄 2017년 7월 28일
1판 5쇄 펴냄 2021년 11월 25일

기획 길담서원
지은이 김융희 · 손현철 · 홍순명 · 이재성 · 고경일 · 박성준

주간 김현숙 | **편집** 김주희, 이나연
디자인 이현정, 전미혜
영업 백국현, 정강석 | **관리** 오유나

펴낸곳 궁리출판 | **펴낸이** 이갑수

등록 1999년 3월 29일 제300-2004-162호
주소 10881 경기도 파주시 회동길 325-12
전화 031-955-9818 | **팩스** 031-955-9848
홈페이지 www.kungree.com | **전자우편** kungree@kungree.com
페이스북 /kungreepress | **트위터** @kungreepress

ISBN 978-89-5820-470-1 03100

책값은 뒤표지에 있습니다.
파본은 구입하신 서점에서 바꾸어 드립니다.